GEMÜSE

DIE GU KÜCHENBIBLIOTHEK

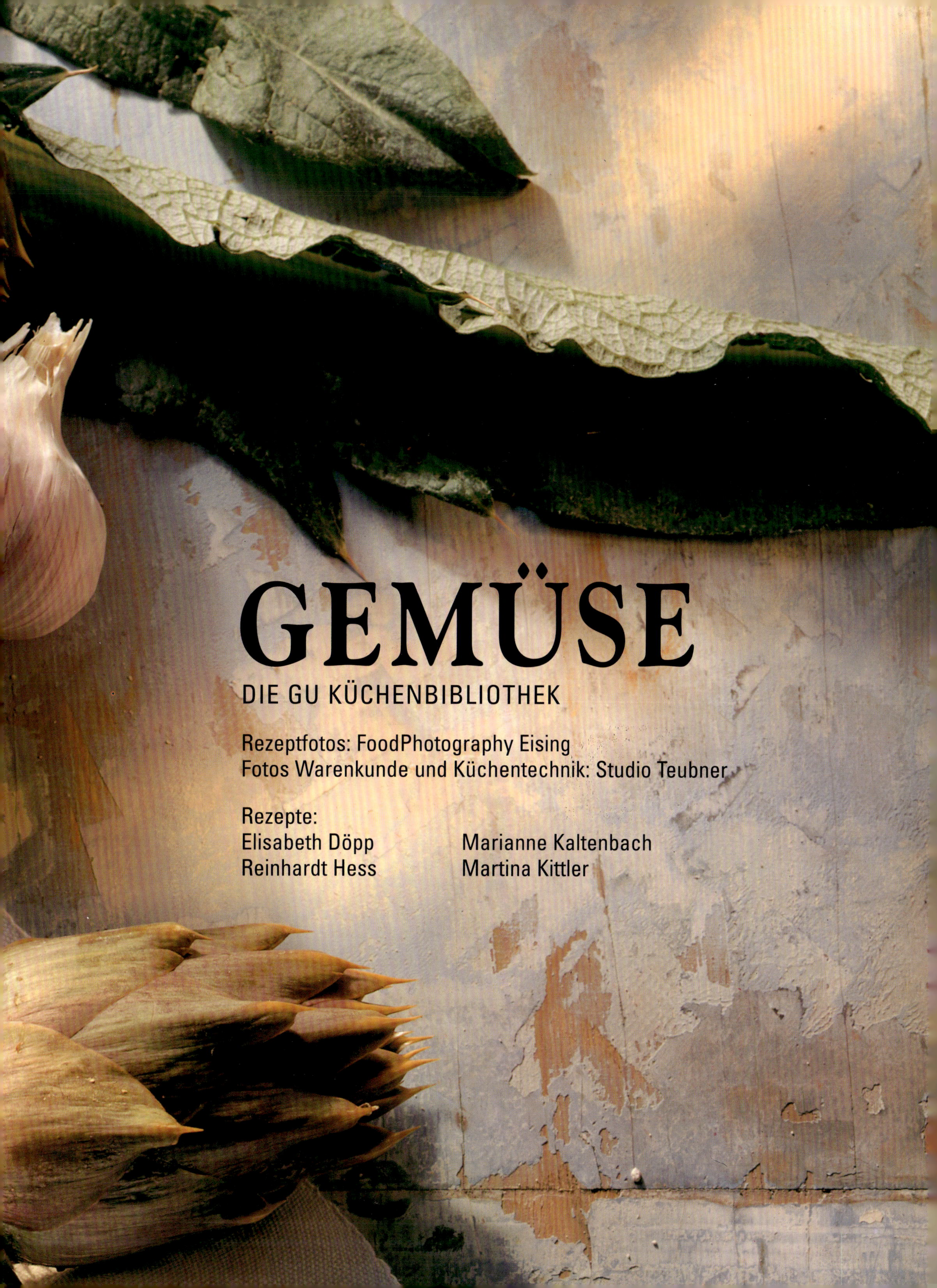

GEMÜSE

DIE GU KÜCHENBIBLIOTHEK

Rezeptfotos: FoodPhotography Eising
Fotos Warenkunde und Küchentechnik: Studio Teubner

Rezepte:
Elisabeth Döpp
Reinhardt Hess
Marianne Kaltenbach
Martina Kittler

Inhalt

DIE PERFEKTE GEMÜSEKÜCHE

Gemüse ist ein Lebensmittel mit steigendem Kurswert. Nach den Empfehlungen der Deutschen Gesellschaft für Ernährung sollte die Hälfte der Nahrung aus Gemüse, Hülsenfrüchten, Kartoffeln, Getreide und Getreideprodukten bestehen. Diese Produkte liefern wertvolle Kohlenhydrate und Ballaststoffe, pflanzliches Eiweiß, Vitamine und Mineralstoffe.

Gemüse in unserer Ernährung

Essen Sie reichlich Kohlenhydrate in Form von Getreide, Kartoffeln, Gemüse und Obst, aber wenig Zucker

Kohlenhydrate, Energielieferant Nummer 1, sind in allen Gemüsen enthalten, und zwar als Energiespeicher in Form von Stärke und Zucker in Knollen und Früchten, während Baustoff und Gerüst der Pflanze zum großen Teil aus unverdaulichen Kohlenhydraten, sprich Ballaststoffen, bestehen. Gemüse liefert also zum einen Energie, zum anderen Ballaststoffe, die wichtig sind für Verdauung und Wohlbefinden. Gemüse, Kartoffeln, Getreide und Hülsenfrüchte enthalten außerdem große Mengen an Vitaminen und Mineralstoffen. Sie sind die Lebensmittel mit der höchsten Nährstoffdichte, d.h. mit dem größten Anteil wichtiger Nährstoffe pro Kalorie.
55–60% der täglichen Kalorienzufuhr sollten aus Kohlenhydraten bestehen, das sind 300–350 g (1 g Kohlenhydrate enthält 4,1 Kalorien). Die meisten von uns essen in der Regel eher zu wenig Kohlenhydrate – und vor allem die falschen. Die Hälfte stammt aus nährstoffarmen Produkten wie Limonaden und Gebäck. Dieser Anteil sollte jedoch höchstens 10–15% sein.

Kombinieren Sie pflanzliches und tierisches Eiweiß, z.B. Brot mit Käse, Kartoffelgratin mit Milch, Nudeln mit Pesto. Besonders günstig: Kartoffeln mit Ei

Eiweiß (Protein) steckt in tierischer Nahrung wie Fleisch, Fisch, Eiern und Milchprodukten, aber auch in pflanzlichen Lebensmitteln wie Hülsenfrüchten, Getreide, Nüssen und Kartoffeln. Eiweiß ist ein unentbehrlicher Nährstoff und Baustein für Körperzellen, Gewebe und Hormone. Der Körper benötigt davon täglich 0,8 g pro Kilo Körpergewicht. Der Anteil an der gesamten Kalorienzufuhr sollte 12–15% sein (1 g Eiweiß enthält 4,1 Kalorien). Der derzeitige Konsum liegt viel höher, bedingt durch den noch immer üppigen Fleischverzehr.
Die Hälfte des Eiweißbedarfs sollten Sie mit pflanzlichen Lebensmitteln abdecken. Kombinationen aus tierischem und pflanzlichem Eiweiß können vom Körper am besten verwertet werden.

Messen Sie Fett beim Kochen genau ab

Braten Sie in beschichteten Pfannen mit weniger Fett

Dünsten Sie Gemüse in wenig Gemüsebrühe. Erst zum Schluß einen Löffel Butter dazugeben

Fett ist (außer in tierischen Produkten) vor allem in Samen (Nüssen, Sonnenblumenkernen), selten auch im Fruchtfleisch der Pflanzen (Avocado, Oliven) enthalten. Die meisten Gemüsesorten enthalten also kein Fett. Es wird erst bei der Zubereitung der Gerichte dazugegeben.
Fett liefert pro Gramm doppelt so viel Kalorien wie Eiweiß und Kohlenhydrate. Es ist Träger der wichtigen Vitamine A, D und E – sie sind fettlöslich und ohne Fettzugabe gar nicht verwertbar. Nicht mehr als 25–30% der täglichen Energie sollten wir in Form von Fett zu uns nehmen, das sind 60–80 g. Tatsächlich essen viele von uns täglich 130–150 g Fett, etwa das Doppelte von dem, was uns guttut.
Doch weil Fett auch Aromaträger ist, und vieles »mit« einfach so gut schmeckt, ist es nicht leicht, den Fettverzehr zu reduzieren. Ziehen Sie pflanzliche Fette den tierischen vor, sie enthalten lebenswichtige einfach und mehrfach ungesättigte Fettsäuren (Linolsäure).

Gemüse in der Küche

Achtung: Dekorativ aufgebautes Gemüse, warm und sonnig präsentiert, sieht zwar schön aus, verliert aber schnell Vitamine und Aroma

Der Frischefaktor

Je frischer das Gemüse, umso reichhaltiger sind seine Inhaltsstoffe. Aber es ist nicht immer einfach, Gemüse wirklich frisch zu kaufen. Wer einen eigenen Garten hat oder einen Bauern in der Nähe, darf sich glücklich schätzen, für viele trifft das aber nicht zu. Seit einigen Jahren kann man bei Bio-Bauern eine »Grüne Kiste« abonnieren. Diese Kiste mit frischem Gemüse wird regelmäßig ins Haus gebracht.
Gute Chancen, frische Ware zu bekommen, bieten auch Gemüseläden und Märkte mit schnellem Warenumsatz.

Broccoli hat am 3. Tag bei einer Lagerung bei 20° bereits 40% des Vitamin-C-Gehalts verloren

Gekühlt bei 4° bleibt der Vitamin-C-Gehalt 7 Tage lang voll erhalten

Vitamine und Nährstoffe

Gemüse enthält viele Mineralstoffe und wichtige Vitamine. Die Vitamine sind wärme- und lichtempfindlich. Gemüse und Obst sollten Sie deshalb möglichst bald nach der Ernte bzw. dem Einkauf verarbeiten. Und: Je höher die Lagertemperatur, desto rascher gehen Vitamine verloren. Durch kühle Lagerung verzögern Sie den Prozeß.
Wenn Sie Gemüse also nicht gleich verbrauchen, sind die meisten Sorten am besten im Kühlschrank untergebracht. Gut verpackt, damit das Gemüse nicht austrocknet. Für Kartoffeln, Wurzelgemüse und Kohl, die für längere Lagerung geeignet sind, ist ein kühler Keller ideal (8–12°). Detaillierte Informationen zur Lagerung finden Sie bei jedem Gemüse in der Warenkunde ab Seite 14.

Zubereitung und Garmethoden
Auch beim Vorbereiten und Garen gehen die wasserlöslichen Vitamine B und C verloren. Die im Gemüse enthaltenen Mineralstoffe sind zwar relativ unempfindlich gegen Licht und Wärme, mögen aber ebenfalls kein Wasser. Deshalb: Gemüse erst waschen, dann putzen und zerkleinern. Nach dem Zerkleinern zügig weiterverarbeiten und nicht offen stehen lassen.
Für schonendes Garen gilt: kurze Garzeiten und Garen in wenig Flüssigkeit. Die Garflüssigkeit am besten für Suppen und Saucen verwenden. Ausführliche Informationen dazu in der Küchentechnik (Seite 38).

Gemüse erst waschen, dann putzen und zerkleinern
Ideale Garmethoden sind Dämpfen und Dünsten

Der GU-Wegweiser zum richtigen Rezept

Damit Sie für jede Gelegenheit leicht die richtige Wahl treffen, folgt auf den nächsten Seiten der Wegweiser zum richtigen Rezept. Er enthält alle wichtigen Informationen über die Rezepte samt ihren Eigenschaften und erschließt Ihnen die Vielfalt des Buches auf einen Blick.
Dazu wurde jedes Rezept geprüft, klassifiziert und mit Wertmarken wie »Schnell«, »Gelingt leicht«, »Preiswert« versehen. Da die meisten Rezepte mehrere Eigenschaften haben und jeder Wertmarke eine Farbe zugeordnet ist, ist eine richtig bunte, informative Tabelle entstanden.
Die jeweils wichtigste Wertmarke, die das Rezept am besten charakterisiert, finden Sie farblich hervorgehoben auf den Rezeptseiten wieder.

Die Kalorien
Zu jedem Rezept erfahren Sie den Kaloriengehalt pro Portion und den Fettanteil in Gramm pro Portion. Vorspeisen, Snacks, Suppen, Salate und Beilagen unter 200 Kalorien pro Portion und Hauptgerichte unter 400 Kalorien haben von uns die Wertmarke **Für die schlanke Linie** bekommen. Wenn Sie mal eine schlanke Woche einlegen wollen, können Sie sich mit Hilfe der Tabelle leicht einen Wochenplan zusammenstellen.

Die Zeit
Zeit – ein wichtiger Aspekt nicht nur für alle, die jeden Tag kochen müssen. In der Tabelle finden Sie die Zubereitungszeiten und (in Klammern) die Zeit für Marinieren, Abkühlen etc. Alle Rezepte, die in maximal 30 Minuten zubereitet sind, und zwar vom ersten Handgriff bis zum Servieren, haben die Wertmarke **Schnell.**
Ebenfalls unter dem Zeitaspekt ist es interessant, ob Gerichte **gut vorzubereiten** sind – ganz gleich ob für das Mittagessen zu Hause oder für ein feines Gästemenü. Rezepte mit dieser Wertmarke lassen sich so vorbereiten, daß Sie mit wenigen Handgriffen servierfertig sind.

Der Schwierigkeitsgrad
Besonders unkomplizierte Rezepte, die von Ungeübten problemlos zu bewältigen sind, sind mit **Gelingt leicht** gekennzeichnet. Rezepte **Für Geübte** sind entsprechend markiert. Selbstverständlich können sie auch von Ungeübten nachgekocht werden; sie erfordern einfach etwas mehr Konzentration – sei es durch eine besondere Zubereitungsart oder eine nicht alltägliche Zutat.

Weitere Eigenschaften
Interessante Gerichte aus kostengünstigen Zutaten sind unter der Rubrik **Preiswert** zu finden. Da auch dafür saisongerechter Einkauf wichtig ist, ist für viele Rezepte die **Hauptsaison** angegeben, in der die Gemüse in bester Qualität zum günstigen Preis angeboten werden. Alle **vegetarischen** Rezepte sind ebenfalls auf einen Blick in der Tabelle zu finden. Die **vollwertigen** darunter sind ebenfalls markiert.

Der besondere Anlaß
Mit dem Vermerk **Für Gäste** sind Rezepte versehen, die nicht alltäglich sind. Einige davon sind aufwendiger in der Zubereitung, für andere brauchen Sie besondere Zutaten, aber viele sind schnell gekocht, lassen sich gut vorbereiten und gelingen leicht. Eins haben sie in jedem Fall gemeinsam: das Ergebnis ist beeindruckend.

Unendlich viele Kombinationsmöglichkeiten
Nun sehen Sie schon, daß es wichtig ist, mehrere Eigenschaften der Rezepte zu kennen, um das richtige für jeden Anlaß auszuwählen. Manchmal braucht man eben ein **vegetarisches** Rezept **für Gäste** oder eins, das **leicht gelingt** und sich für morgen **gut vorbereiten** läßt.

Das besondere Rezept !

Einige Rezepte des Buches haben wir als besondere Rezepte hervorgehoben. Anhand dieser Beispiele wird erklärt, welche Eigenschaften dieses Rezept zu einem Gäste-Rezept machen, warum ein anderes so gut vorzubereiten ist und warum das dritte so schnell ist. Dazu gibt es Tips, wie es noch feiner, noch schneller, noch praktischer wird.
Die besonderen Rezepte sind im Buch leicht zu finden, der Text steht auf einer gelben Seite.

GU-WEGWEISER ZU[illegible]ICHTIG[illegible]N

Seite	Rezept	Zubereitungs-zeit	Kalorien pro Portion	Fett/g	Für die schlanke Linie
	VORSPEISEN				
42	Marinierter grüner Spargel mit Möhren	30 Min. (+ 2–3 Std.)	260	21	
42	Staudensellerie im Aprikosensud	30 Min.	100	4	■
43	Marinierter Spargel mit Meerbarbenfilet	40 Min. (+ 2 Std.)	220	13	
44	Marinierte Paprikaschoten	1 Std. (+ 1 Std.)	110	6	■
45	Sherry-Zwiebeln	1 Std.	170	12	■
45	Crostini mit Tomatenrelish	30 Min.	150	8	■
47	Gefüllte Zucchiniblüten	50 Min.	255	23	
48	Radicchio mit Roquefortcreme	20 Min.	120	2	■
48	Gemüse-Carpaccio	30 Min.	190	17	■
49	Kohlrabi frites mit Radieschensauce	45 Min. (+ 1 Std.)	450	32	
50	Zucchiniröllchen mit Tomatenvinaigrette	35 Min. (+ 1 Std.)	260	19	
51	Gefüllte Tomaten	50 Min.	240	17	
51	Marinierte Mango	30 Min.	170	7	■
53	Artischocken mit Sauce hollandaise	50 Min.	330	34	
54	Spargelflan mit Orangensabayon	1 1/4 Std.	210	16	
55	Petersilienflan mit Käsesauce	1 1/4 Std.	380	34	
56	Dicke Bohnen mit Pecorino	20 Min.	430	4	
56	Gebratener Fenchel und Radicchio	30 Min.	180	12	■
57	Sellerie-Püfferchen mit Apfelschmand	45 Min.	430	37	
58	Zucchini-Sesam-Creme	30 Min.	150	12	■
58	Humus mit Zitrone	45 Min. (+ 6–12 Std.)	130	5	■
59	Guacamole mit Tortilla-Chips	20 Min.	260	13	
59	Skordallia mit roter Bete	50 Min.	190	12	■
60	Frühlingsgemüse-Tortilla	1 Std.	260	14	
61	Gefüllte Champignons	1 Std.	200	17	■
61	Auberginen-Tomaten-Türmchen	45 Min.	210	15	
	SALATE				
64	Warmer Gemüse-Nudel-Salat	30 Min.	450	7	
65	Kartoffel-Romanesco-Salat	40 Min.	260	7	
66	Magdeburger Salat	30 Min.	170	6	■
66	Rote-Bete-Salat	20 Min.	170	8	■
67	Gemüsesalat mit Meerrettich-Dressing	1 Std.	400	32	
67	Riesenbohnensalat mit Rucola	1 1/4 Std. (+ 3 Std.)	380	6	
69	Gado Gado	1 1/4 Std.	500	39	
70	Caesar-Salat mit Zitrone	20 Min.	210	15	
70	Möhrensalat mit Rosmarin	20 Min.	70	2	■
71	Argentinischer Avocadosalat	35 Min.	240	20	
71	Mesclun-Salat mit Kräutern	20 Min.	80	8	■
72	Sizilianischer Orangen-Zwiebel-Salat	20 Min.	140	[illegible]	■

Gelingt leicht	Schnell	Preiswert	Für Geübte	Läßt sich gut vorbereiten	Für Gäste	Hauptsaison (Monate)	Vegetarisch
				■	■		■
■	■			■	■	Aug. – Nov.	■
				■	■	Mai/Juni	
				■			
■		■		■			■
■	■			■			vollwertig
				■	■	Juni – Sept.	
■	■			■	■		■
■	■				■		■
		■			■	Apr. – Okt.	■
			■	■	■	Juli – Okt.	■
				■	■		■
■	■				■		■
			■		■	Juli – Okt.	■
		■	■	■	■	Mai/Juni	■
		■	■	■	■		■
■	■					Mai – Okt.	vol
■	■				■		■
		■		■	■	Juli – Nov.	■
■	■				■	Juli – Okt.	■
■				■	■		■
■	■	■					vollwertig
■							vollwertig
		■		■	■		■
■		■			■		
		■		■	■		■
■	■			■			vollwertig
		■		■			vollwertig
■	■	■					■
■	■			■			■
■		■					■
■				■			vollwertig
				■	■		
■	■						
■	■	■			■		■
■					■		■
■	■						vollwertig
■	■	■		■			■

GU-WEGWEISER ZUM RICHTIGEN REZEPT

Seite	Rezept	Zubereitungs-zeit	Kalorien pro Portion	Fett/g	Für die schlanke Linie
72	Tunesischer Mechouia-Salat	1 Std.	240	18	
73	Bohnensalat mit mariniertem Lachs	40 Min.	290	17	
74	Löwenzahnsalat mit pochiertem Ei	40 Min.	415	39	
75	Salat »Côte d'Azur«	35 Min.	450	25	
75	Asiatischer Krautsalat	40 Min.	240	13	
	SUPPEN UND EINTÖPFE				
78	Gazpacho mit Garnelen	25 Min. (+ 1–2 Std.)	120	2	■
78	Gurken-Kaltschale	20 Min.	140	9	■
79	Tomaten-Orangen-Suppe	30 Min.	65	2	■
79	Zwiebelsuppe mit Salbei	1 Std.	240	16	
80	Linsensuppe mit Mangold	1 1/2 Std.	210	3	
81	Israelischer Borschtsch	45 Min. (+ 2 Std.)	310	9	
82	Kürbissuppe mit Sauerampfer	45 Min.	140	8	■
83	Blumenkohl-Minze-Suppe	45 Min.	240	22	
84	Steckrüben-Spinat-Eintopf mit Graupen	1 3/4 Std. (+ 4 Std.)	690	42	
85	Gemüse-Fischtopf mit Gremolata	1 Std.	290	7	■
85	Ratatouille mit Fenchel	45 Min.	150	6	■
86	Möhrensuppe mit Jakobsmuscheln	50 Min.	260	16	
87	Grüne Spargelsuppe mit Kerbelklößchen	1 1/2 Std.	360	21	
89	Minestrone	1 Std. (+ 1 Std.)	430	16	
90	Grüne Erbsensuppe mit Grießnocken	2 Std.	725	38	
91	Grünkohl »Lippische Palme«	30 Min. (+ 1 1/2 Std.)	810	70	
92	Asiatischer Gemüse-Eintopf	1 Std.	360	11	■
93	Hähnchen-Gemüsetopf	1 Std.	330	12	■
	HAUPTGERICHTE				
96	Crespelle mit Gemüsefüllung	1 Std. 20 Min.	635	49	
97	Mangoldomelette mit Nüssen	25 Min.	310	26	■
97	Spinat-Lauch-Gemüse mit Eiern	30 Min.	430	31	
99	Gemüse-Lasagne mit Morcheln	1 1/2 Std.	520	32	
100	Broccoli-Strudel	1 1/4 Std.	730	54	
101	Kartoffeltorte mit Paprika	1 Std.	290	8	■
102	Spargel mit Sauce mousseline	40 Min.	450	40	
102	Grüner Spargel mit Pesto und Parmesan	30 Min.	390	20	■
103	Vegetarisches Chili	1 1/2 Std. (+ 8 Std.)	455	19	
105	Schwarzwurzeln mit Kartoffelplätzchen	2 Std.	790	49	
106	Spargel-Curry	30 Min.	360	7	■
106	Grüner Spargel mit Tomaten	45 Min.	260	17	■
107	Maiskolben mit Bohnencreme	1 Std.	620	16	
108	Wintergemüse in Kapernsauce	45 Min.	330	25	■
108	Schmorgurken-Mett-Pfanne	45 Min.	550	42	

Gelingt leicht	Schnell	Preiswert	Für Geübte	Läßt sich gut vorbereiten	Für Gäste	Hauptsaison (Monate)	Vegetarisch
		■		■	■	Juni – Nov.	
■				■	■	Mai – Okt.	
		■	■		■		
■				■	■		
■				■			■
	■			■	■		
■	■			■		Aug. – Nov.	■
■	■			■	■		■
■		■		■	■		
■		■				Mai – Nov.	vollwertig
■				■	■		
■						Nov. – Feb.	vollwertig
■		■		■	■	Mai – Okt.	■
		■				Okt./Nov.	
■							
				■	■		vollwertig
			■	■	■	Aug. – Nov.	
■					■		
■					■		
		■				Juni – Aug.	
		■		■		Nov. – Febr.	
				■	■		
■				■	■		
				■	■		■
■	■					Mai – Nov.	■
■	■						
			■	■	■		■
			■	■	■	Aug. – Okt..	
		■					vollwertig
			■		■	Mai/Juni	■
■	■						
■				■	■		■
		■		■	■	Okt. – April	
	■			■	■	Mai/Juni	vollwertig
■				■			■
■		■			■	Juli – Nov.	
■		■			■		■
■		■		■		Aug. – Nov.	

GU-WEGWEISER ZUM RICHTIGEN REZEPT

Seite	Rezept	Zubereitungs-zeit	Kalorien pro Portion	Fett/g	Für die schlanke Linie
109	Gemüsetopf mit Mais	1 Std.	190	6	■
110	Gemüse-Couscous mit Hähnchen	1 Std.	740	15	
111	Gemüsenudeln mit Kräutersauce	1 Std.	860	58	
111	Frühlingsgemüse mit Filetsteaks	1 1/4 Std.	360	16	■
112	Kichererbsenplätzchen mit Gurkengemüse	2 1/2 Std. (+12 Std.)	470	21	
113	Grünkernklöße auf Paprikasauce	45 Min.	480	14	
114	Italienische Grüne-Bohnen-Pfanne	1 Std.	120	3	■
114	Würzige Peperonata	45 Min.	230	12	■
115	Gemüseragout lemonato	30 Min.	200	10	■
117	Spinat-Pastete mit Sesam-Joghurtsauce	1 3/4 Std.	810	53	
118	Gefüllte Gemüse à la provençale	1 Std. 10 Min.	400	27	■
119	Auberginen-Zucchini-Gratin	1 1/4 Std. (+1 Std.)	240	15	■
119	Persischer Gemüseauflauf	1 Std. 10 Min.	330	14	■
120	Fenchelsoufflé mit Orangensauce	1 3/4 Std.	310	13	■
121	Okragratin mit Hackfleisch	45 Min. (+1 Std.)	480	34	
122	Indisches Kürbis-Curry	40 Min.	170	4	■
122	Gemüsepfanne mit Tintenfisch	50 Min.	260	12	■
123	Möhrenmousse im Lauchmantel	1 Std.	330	25	■
	BEILAGEN				
126	Süß-pikantes Kürbisgemüse	45 Min.	205	9	
126	Spinat mit Cashews	30 Min.	260	19	
127	Essig-Gemüse Acar	1 1/2 Std.	670	39	
128	Okraschoten in pikanter Tomatensauce	45 Min.	120	8	■
129	Fenchel auf orientalische Art	25 Min.	120	3	■
129	Erdnuß-Blumenkohl	25 Min.	190	14	■
130	Zucchini nach Szetchuanart	30 Min.	85	6	■
130	Glasierte Teltower Rübchen	30 Min.	140	11	■
131	Mangold-Möhren-Gemüse	40 Min.	330	30	
131	Grüne Erbsen mit Minze	45 Min.	200	13	■
132	Rotkohl mit Maronen	1 1/2 Std.	455	13	
133	Spreewälder Gurkengemüse	45 Min.	330	28	
134	Kartoffel-Broccoli-Püree	45 Min.	360	23	
134	Kartoffelpüree mit Olivenöl	40 Min.	260	10	
135	Kohlrabi-Kartoffel-Gratin	1 1/4 Std.	480	36	
135	Rosenkohlgratin mit Pancetta	55 Min.	330	21	
136	Grüne Bohnen mit Pfifferlingen	50 Min.	150	9	■
136	Champignon-Endivien-Gemüse	30 Min.	290	27	
137	Mascarpone-Kräuter-Rosenkohl	50 Min.	300	23	
138	Kleine Gemüserösti	25 Min.	260	14	
139	Apfelsauerkraut mit Champagner	1 Std. 20 Min.	160	8	■
139	Sauerkraut mit Trauben	1 1/4 Std.	380	27	

Gelingt leicht	Schnell	Preiswert	Für Geübte	Läßt sich gut vorbereiten	Für Gäste	Hauptsaison (Monate)	Vegetarisch
						Juli – Nov.	
						Aug. – Nov.	
						Mai – Okt.	vollwertig
							vollwertig
							vollwertig
						Juli – Okt.	vollwertig
							vollwertig
						Aug. – Nov.	
						Nov. – Mai	
						Nov. – Febr.	
						Nov. – Febr.	
						Nov. – Mai	
						Aug. – Nov.	
						Mai – Okt.	
						Juli – Okt.	
						Mai – Aug.	
						Juni – Aug.	
						Sept. – Dez.	
						Aug. – Nov.	
						Aug. – Okt.	
						Sept. – Dez.	
						Juli – Okt.	
						Sept. – Dez.	
							vollwertig

WARENKUNDE

Das Gemüseangebot wird immer vielfältiger. Nur wer gut informiert ist, trifft die richtige Wahl bei Salat, Möhren und Co. Auf den nächsten Seiten erfahren Sie, was Sie – vom Einkauf bis zur Zubereitung – beachten müssen, um optimale Qualität zu bekommen. Woher stammt das Gemüse, welche Inhaltsstoffe machen es besonders wertvoll, wie muß es zu Hause gelagert werden? Hier erhalten Sie fundierte Informationen über die wichtigsten Gemüsesorten.

Blattsalate

Das Angebot frischer Blattsalate ist dank zahlreicher Neuzüchtungen sehr vielfältig. Blattsalate sind das ganze Jahr über erhältlich – als Freilandware meist nur von Mai bis Oktober. Salat aus dem Treibhaus ist häufig kleiner, die Blätter werden schneller welk und die Nitratmenge liegt oft höher als beim Freilandsalat.
Zu den wichtigsten Blattsalatarten gehört der **Kopfsalat** (1). Neben dem bekannten, grünblättrigen gibt es auch roten Kopfsalat. Der knackige **Eissalat** (2) zeichnet sich durch besonders lange Haltbarkeit, im Kühlschrank etwa eine Woche, und durch besondere Ergiebigkeit aus. Ein Eissalat reicht für 8 Portionen. **Batavia** (3) mit seinen grünen und rötlichen Blättern ist eine Kreuzung von Kopf- und Eissalat. Das Besondere am **Eichblattsalat** (4) ist sein zarter, nußartiger Geschmack. **Endivie** (5) gibt es in glatter Form, auch Escarol genannt, und in krauser Form als Frisée. Alle Endiviensorten haben einen leicht bitteren Geschmack. Eine relativ neue Züchtung ist der **Novita** (ohne Bild), eine Kreuzung aus Kopfsalat und Endivie. Er schmeckt ebenfalls leicht bitter. Zu den typischen Wintersalaten zählt **Feldsalat** (7), auch Acker-, Rapunzel- oder Nüßlisalat genannt.
Blattsalate schmecken am besten roh. Mit verschiedenen Saucen und kombiniert mit frischem Gemüse und Kräutern sind sie äußerst abwechslungsreich.

Einkauf: Feste Köpfe ohne welke Blätter auswählen. Die Frische ist an der Schnittfläche des Strunks zu erkennen. Diese wird bei längerer Lagerung bräunlich.

Lagerung: Im Gemüsefach des Kühlschranks wenige Tage bis eine Woche.

BLATTGEMÜSE

Chicorée

Hauptanbaugebiete des Chicorées (im Bild Seite 14, Nr. 8) sind Belgien, die Niederlande und Frankreich. Die Sprossen wachsen entweder unter einer Erdschicht oder unter lichtundurchlässiger Folie. Aus diesem Grund sind die Blätter fast weiß, nur die Blattränder sind hellgelb gefärbt. Eine neue Sorte ist rot, es handelt sich um eine Kreuzung aus Chicorée und Radicchio. Die Hauptsaison von Chicorée dauert von Oktober bis April.
Chicorée schmeckt roh als Salat, aber auch gedünstet oder überbacken als Gemüse.

Einkauf: Achten Sie auf feste, geschlossene Sprossen mit hellgelben Blatträndern. Kaufen Sie keine Sprossen mit bereits grünen Spitzen und lockeren Blättern.
Lagerung: Chicorée muß dunkel lagern, sonst werden die Blätter grün. In Papier eingeschlagen bleibt er im Kühlschrank etwa vier Tage frisch.

Chicorée ist reich an Provitamin A und Kalium. Außerdem enthält er Inulin, weshalb er für Diabetiker empfohlen wird.

Radicchio

Radicchio (im Bild Seite 14, Nr. 9), das Salatgemüse mit den weinroten Blättern, stammt meist aus Italien. Radicchio gehört zur Familie der Endivie und enthält ebenfalls Bitterstoffe. Der Bitterstoff sitzt in den weißen Blattrippen, die Menge ist sortenabhängig. Der längliche »Radicchio di Treviso« schmeckt zum Beispiel bitterer als der runde »Radicchio di Verona« . Radicchio wird hauptsächlich als Salat zubereitet. Als Gemüsebeilage wird er kurz in Olivenöl gedünstet oder gegrillt.

Einkauf: Die Außenblätter müssen knackig frisch aussehen und dürfen keine braunen Stellen haben.
Lagerung: Im Gemüsefach des Kühlschranks etwa eine Woche.

Radicchio enthält Provitamin A, Vitamin C und Kalium. Wer den Bittergeschmack nicht mag, entfernt den Strunk und die dicken Blattrippen.

Rucola

Rucola, auch Rauke oder Roquette genannt, ist ein Kraut, das die Römer schon vor über zweitausend Jahren kannten. Heute wird es vor allem in Italien und Südfrankreich angebaut und erfreut sich immer größerer Beliebtheit. Im gemäßigten Klima wird von Frühjahr bis spät in den Herbst geerntet. Der Geschmack der gefiederten, grünen Blätter ist leicht scharf und nußartig. Rucola eignet sich roh als Salat oder kurz gedünstet als Gemüse.

Einkauf: Nur glatte, kräftig grüne Blätter ohne Blüten kaufen.
Lagerung: Im Gemüsefach des Kühlschranks bleibt Rucola einen Tag frisch.

Rucola kann gut im Garten oder Balkonkasten selbst gezogen werden.

Brunnenkresse

Brunnenkresse, auch Wasserkresse genannt, wächst in Europa als Wildpflanze in fließenden, sauberen Gewässern. In der freien Natur zählt sie inzwischen zu den seltenen Kräutern. Die Brunnenkresse, die von Oktober bis Mai im Handel ist, wird in künstlich angelegten Wasserbecken kultiviert. Sie stammt häufig aus Erfurt in Thüringen, aus Frankreich oder den Niederlanden.
Brunnenkresse schmeckt leicht pfeffrig und senfähnlich. Man verwendet sie roh für Salate oder kurz erhitzt und püriert in Suppen oder Saucen.

Einkauf: Brunnenkresse sollte beim Händler gebündelt in Wasser stehen.
Lagerung: Kühl und feucht aufbewahren, möglichst rasch verarbeiten.

Brunnenkresse enthält reichlich Jod, Eisen, Provitamin A und Vitamin C.

KRÄUTER

Basilikum

Dill

Petersilie

Schnittlauch

Thymian

Kräuter sind das Tüpfelchen auf dem i, mit ihnen kommen Phantasie und Abwechslung auf den Tisch. Dabei bringen Kräuter nicht nur Aroma und Geschmack, viele Gerichte werden durch sie auch leichter verdaulich. Außerdem sind frische Kräuter reich an Mineralstoffen und Vitaminen.

Basilikum
Je kleiner die Blätter, desto aromatischer duften und schmecken sie. Frisches Basilikum würzt Salate, Suppen, Gemüse- und Fleischgerichte. Es sollte möglichst nicht erhitzt werden, denn dabei büßt Basilikum sehr viel von seinem kräftigen Geschmack ein.

Dill
Das frische Dillkraut paßt zu vielen Saucen, Fisch- und Eigerichten sowie Salaten und Suppen. Dill immer erst am Ende der Garzeit über die Speisen streuen, sonst verflüchtigt sich das Aroma. Die getrockneten Blütendolden werden hauptsächlich zum Einlegen von Gurken verwendet.

Estragon
Man unterscheidet zwei Estragontypen: den robusten Russischen mit größeren Blättern und kräftigerem Geschmack, und den empfindlicheren Französischen oder Deutschen Estragon mit kleineren Blättern und feinwürzigem Anis-Aroma. Estragon würzt Saucen, wie die Sauce Béarnaise, Salate und Fischgerichte.

Kerbel
Das leicht anisartige Aroma der gefiederten Blättchen verfeinert Saucen, Kräuterbutter, Quark und Omelettes. Die Blättchen sind besonders zart, sie dürfen niemals mitkochen. Auch bei der berühmten sämigen Kerbelsuppe werden nur die Stiele mitgekocht, die Blättchen werden erst zum Schluß dazugegeben.

Oregano
Oregano, auch wilder Majoran oder Dost genannt, ist vor allem für die Mittelmeerküche typisch. Oregano ist ideal für Saucen, Fleisch- und Gemüsegerichte. Ob frisch oder getrocknet, sollte er zur vollen Aromaentfaltung erhitzt werden. Er erleichtert bei fettreichen Speisen die Verdauung.

Petersilie
Man unterscheidet Blatt- und Wurzelpetersilie (Seite 29) und bei der Blattpetersilie die mit glatten oder krausen Blättern. Die glatte Petersilie ist aromatischer und gibt Salaten, Suppen, Fleischfüllungen und Saucen einen würzigen Geschmack. Die krause Petersilie ist hübsch zum Garnieren.

Rosmarin
Der Strauch mit den nadelartigen Blättchen spielt vor allem in der Mittelmeerküche eine wichtige Rolle. Rosmarin wird mitgegart und entfaltet schon in kleinsten Mengen seine Würzkraft. Er paßt gut zu Geflügel, Hammel und vielen Gemüsegerichten. Getrocknet schmeckt er schärfer und bitterer als frisch.

Salbei
Die leicht behaarten Blätter entwickeln ihr Aroma am besten, wenn sie in Fett erhitzt werden. Sie schmecken gebraten zu Nudeln oder in Bierteig ausgebacken als Vorspeise. Unentbehrlich sind sie für Saltimbocca, die kleinen italienischen Kalbsschnitzel mit Schinken.

Schnittlauch
Er würzt vor allem Suppen, Quark und Saucen. Nicht mitkochen, sonst verliert er sein feines zwiebelartiges Aroma.

Thymian
Er gibt vielen Mittelmeergerichten den typischen Geschmack. Thymian ist äußerst vielseitig, er würzt Pasteten, Fleisch-, Gemüse- und Pilzgerichte, Marinaden und Griebenschmalz. Erst beim Erhitzen entfaltet er sein Aroma.

Einkauf: Sämtliche Kräuter werden mit Wurzelballen im Topf oder geschnitten im Bund angeboten. Frische Kräuter dürfen keine welken Stellen haben.

Lagerung: Die meisten Kräuter halten sich, befeuchtet und in Folie verpackt, einige Tage im Gemüsefach des Kühlschranks. Oregano, Rosmarin, Salbei und Thymian entfalten auch getrocknet ihr Aroma. Die anderen Kräuter schmecken am besten frisch.

Sauerampfer

Sauerampfer wächst wild auf feuchten Wiesen. Beim Sammeln sollte man nur die frischen jungen Blätter pflücken. Auf den Märkten wird im Frühjahr der Gartensauerampfer angeboten. Die grünen Blätter schmecken erfrischend säuerlich und werden gerne roh für Salate und Saucen, wie etwa die Frankfurter Grüne Sauce, verwendet. Kurz gedünstet, bereitet man aus Sauerampfer feine Suppen zu. Ein bekanntes Beispiel ist die traditionelle Sauerampfersuppe aus Frankreich.

Einkauf: Die länglichen, pfeilförmigen Blätter müssen saftig grün und fest sein.

Lagerung: Befeuchtet und in Folie verpackt, hält sich Sauerampfer im Gemüsefach des Kühlschranks etwa zwei Tage.

**Sauerampfer enthält reichlich Provitamin A und Vitamin C sowie Eisen.
Der kräftig saure Geschmack wird durch den hohen Gehalt an Oxalsäure hervorgerufen. Diese hemmt die Calciumaufnahme im Körper. Man sollte Sauerampfer deshalb nicht zusammen mit Milchprodukten essen, da sonst das Calcium nicht verwertet werden kann.**

Mangold

In Deutschland zählt Mangold zu den Gemüsearten, die eher selten angebaut werden. Er kommt häufig aus Italien oder Frankreich. Man unterscheidet Schnittmangold und Stielmangold. Schnittmangold hat kleine Blätter und schmale Stiele, die Blätter werden im Ganzen verwendet. Stielmangold hingegen ist wesentlich größer und hat fleischige, breite Stiele. Diese werden von den grünen Blatteilen entfernt und zerkleinert. Sie müssen länger gegart werden als die grünen Blätter. Beide Sorten gibt es mit weißen oder roten Stielen. Haupterntezeit ist von Mai bis September.
Sowohl Mangoldblätter als auch -stiele werden vor allem als Gemüsebeilage gedünstet.
Die Stiele sind oft von einer faserigen Haut überzogen, die man entfernen kann.

Einkauf: Auf unseren Märkten wird hauptsächlich Stielmangold als ganze Staude angeboten. Die Stiele dürfen nicht bräunlich sein, die Blätter müssen knackig frisch aussehen.

Lagerung: Mangold am besten sofort verbrauchen, denn er verliert schnell seine Inhaltsstoffe.

Mangold ist reich an Provitamin A und dem B-Vitamin Folsäure sowie an Eisen. Folsäure und Eisen sind wichtig für die Blutbildung.

Spinat

Spinat wird in Europa vor allem in Italien, Frankreich und Deutschland angebaut. Im Frühjahr werden andere Sorten ausgesät als im Herbst. Deshalb erntet man den Frühjahrs- und Sommerspinat mit zarten Blättern und den Winterspinat mit gröberen Blättern. Je nach Ernteverfahren unterscheidet man Blatt- und Wurzelspinat.
Als Gemüse werden die Spinatblätter kurz gekocht oder gedünstet. Spinat schmeckt auch roh als Salat, vor allem der feinblättrige Frühjahrs- und Sommerspinat.
Da sich beim Aufwärmen von Spinat größere Mengen von gesundheitsschädlichem Nitrit bilden können, sollten vor allem Kleinkinder nur frisch gegarten Spinat essen.
Winterspinat muß besonders gründlich gewaschen werden, denn er kann sehr erdig und sandig sein.

Einkauf: Die Blätter müssen knackig frisch sein. Tiefgekühlter Spinat kann eine gute Alternative sein.

Lagerung: Spinat immer möglichst rasch verwenden. Er hält sich im Gemüsefach des Kühlschranks nur wenige Tage.

Spinat ist reich an Provitamin A, Vitamin B_6 und Folsäure sowie an Eisen, Kalium und Magnesium.

Avocado

Avocados enthalten reichlich Kalium und Magnesium sowie Vitamin E und B_6. Zudem besteht das Fruchtfleisch bis zu 30 Prozent aus Fett. Dieses ist besonders reich an den wertvollen einfach und mehrfach ungesättigten Fettsäuren.

Die birnenförmigen Exoten, die bei uns angeboten werden, stammen meist aus Israel, Mexiko, Brasilien oder Kenia. Die am häufigsten angebotene Sorte ist glattschalig, kräftig grün und glänzend. Seltener sieht man die Sorten mit narbig-runzeliger, tiefvioletter bis schwarzer Schale, dabei haben diese ein besonders aromatisches Fruchtfleisch. Sie kommen meist aus Mexiko. Avocados werden das ganze Jahr über angeboten. Das Avocadofruchtfleisch schmeckt püriert und gewürzt sehr gut als Dip oder Brotaufstrich. Gefüllte Avocadohälften sind eine feine Vorspeise. Avocados sollten roh verzehrt werden, beim Kochen wird das Fruchtfleisch bitter. Avocados sind nur ein Genuß, wenn sie butterweich sind, sonst schmecken sie fade oder bitter.
So verhindert man das Braunwerden des Fruchtfleischs: Sofort mit Zitrone beträufeln, den Kern bis zum Servieren ins zerkleinerte Fruchtfleisch legen.

Einkauf: Reife Avocados erkennt man daran, daß die Schale auf Fingerdruck nachgibt. Unreife Früchte sind hart, sie können aber zu Hause nachreifen.

Lagerung: Reife Avocados kann man im Gemüsefach des Kühlschranks einige Tage aufbewahren. Unreife Früchte bei Zimmertemperatur, in Papier eingewickelt, nachreifen lassen.

Aubergine

Früher mußten Auberginen zum Entfernen der Bitterstoffe eingesalzen werden. Bei den neuen Züchtungen ist dies überflüssig. Auberginen sollten nicht roh verzehrt werden, weil sie schlecht verträglich sind.

Die Aubergine stammt ursprünglich aus den Tropen Asiens und Afrikas. Heute wird sie auch in gemäßigtem Klima angebaut. Bei uns kann man Auberginen das ganze Jahr über kaufen, meist kommen sie aus Italien, Spanien, den Niederlanden, Israel oder der Türkei. Man unterscheidet die ei- und keulenförmige Aubergine. In Deutschland wird die keulenförmige bevorzugt. Auberginen eignen sich gebacken, gegrillt oder fritiert als Vorspeise oder Gemüsebeilage. Sie lassen sich auch füllen. Das gegarte Fruchtfleisch schmeckt püriert, zum Beispiel als Vorspeise.

Einkauf: Reife Früchte geben auf leichten Druck nach. Sie sind matt und dürfen keine braunen Stellen haben. Beim Aufschneiden sollten die Kerne noch weiß und weich sein.

Lagerung: Harte Früchte bei Zimmertemperatur nachreifen lassen. Reife Früchte in einem kühlen Raum maximal zehn Tage aufbewahren.

Tomate

Grüne Stellen, auch der Stielansatz, enthalten gesundheitsschädliches Solanin, sie müssen herausgeschnitten werden.

Ursprünglich stammt die Tomate aus dem Andenhochland Südamerikas. Bedeutende Anbauländer für Freilandtomaten sind Italien, Frankreich, Spanien, die Kanarischen Inseln und die Türkei. Man unterscheidet Runde Tomaten, Fleischtomaten, Kirschtomaten, Eiertomaten und Busch- oder Stieltomaten. Die Kirschtomaten sind besonders aromatisch, sie schmecken leicht süßlich. Tomaten sind vielseitig zuzubereiten: roh als Salat, gekocht als Sauce oder Suppe sowie gefüllt und geschmort als Gemüsebeilage.

Einkauf: Tomaten müssen fest und unbeschädigt sein. Häufiger Mangel: deutlich sichtbare und mit Fingerdruck feststellbare Verhärtungen des Fruchtfleischs nahe dem Stielansatz. Nicht ganz rote Früchte sind keinesfalls minderwertig, sie müssen nachreifen. Fleischtomaten sollten hellrot sein, sonst sind sie schon zu reif.

Lagerung: Niemals im Kühlschrank, da verlieren Tomaten ihr Aroma. Die Nachreife erfolgt am besten zwischen 18 und 30°.

Paprikaschote

Ihre Heimat liegt in Mittel- und Südamerika. Bei uns bekommt man die Schoten ganzjährig, meist aus Südeuropa oder den Niederlanden. Die Sorten unterscheiden sich durch Reifezeit, Größe, Farbe und Form. Die Farbe variiert von grün und rot über gelb und orange. Grüne Paprika sind unreif geerntete Früchte. Eine Spezialität ist der runde, flache und dunkelrote Tomatenpaprika, der leicht süßlich schmeckt und besonders saftig ist. Paprikaschoten schmecken roh als Salat, geschmort in Gemüse- und Eintopfgerichten oder gefüllt.

Einkauf: Pralle Haut und ein grüner, knackiger Stiel sind Zeichen für Frische.
Lagerung: Die Schoten halten sich im Gemüsefach des Kühlschranks bis zu zwei Wochen.

Besonders die roten Früchte sind reich an Provitamin A und Vitamin C. Zum Häuten eignen sich die gelben und roten Schoten besser.

Chilischote

Chilischoten werden in den Tropen Mittel- und Südamerikas, Afrikas, Indiens und Südostasiens angebaut. Sie heißen auch Pfefferschoten, sind aber mit der Paprikaschote und nicht mit dem Pfeffer verwandt. Die zahlreichen Arten unterscheiden sich in Form, Farbe und Schärfe. Der scharfe, manchmal teuflisch-brennende Geschmack liegt am hohen Gehalt an Capsaicin. Grüne Schoten sind unreif und meist weniger scharf. Die Samen der Chillies sind besonders scharf, wer die Schärfe mildern will, sollte sie entfernen. Frische Chillies sind das ganze Jahr hindurch im Handel. Sie würzen vor allem die Gerichte der mexikanischen und ostasiatischen Küche.

Einkauf: Chilischoten werden frisch, getrocknet und eingelegt angeboten. Die frischen sollten fest und glatt sein.
Lagerung: Frische Chillies halten sich im Kühlschrank bis zu zwei Wochen. Man kann sie auch gut einfrieren oder trocknen.

Nach dem Zerkleinern von Chillies sofort die Hände waschen und nicht in den Augen reiben, denn die Schärfe setzt sich an den Fingern fest.

Okraschote

Die Heimat der Okraschote liegt im Hochland von Ostafrika. Durch Importe aus Brasilien, Kenia, Griechenland und der Türkei gibt es bei uns fast das ganze Jahr über frische Okras. Hauptsaison ist jedoch von September bis Mai. Die Schoten sind je nach Sorte 4 bis 15 cm lang. Ihre feste Schale wird von einem zarten Flaum bedeckt. Geerntet werden die jungen, nicht ausgewachsenen Früchte.
Okras schmecken gekocht als Gemüse, in Suppen und Eintöpfen und auch roh als Salat.
Beim Garen sondern Okraschoten einen milchigen Schleim ab. Lesen Sie dazu auch Seite 37.

Einkauf: Nur grüne feste Schoten mit unbeschädigter Schale ohne Flecken kaufen.
Lagerung: Okraschoten sind kälteempfindlich, deshalb nicht im Kühlschrank aufbewahren. In Papier eingeschlagen, halten sie sich bei Zimmertemperatur wenige Tage.

Okraschoten enthalten die Vitamine B_1 und B_2 sowie Eisen und Calcium.

Zuckermais

Die Heimat der gelben Körnerfrucht liegt in Mexiko. Den Unterschied zum Futtermais machen vor allem die zuckerreichen Körner aus. Frischer Zuckermais ist fast ganzjährig erhältlich, oft aus Frankreich, Italien, Israel oder den USA. Die Hauptsaison dauert von Juli bis November. Die Körner schmecken gekocht oder gegrillt als Gemüsebeilage. Sie eignen sich für Salate, Suppen und Aufläufe. Maiskörner können auch roh gegessen werden. Für Popcorn braucht man Puffmais.

Einkauf: Die Körner müssen prall aussehen, dürfen keine trockenen oder eingefallenen Stellen haben.
Lagerung: Zuckermais hält sich im Kühlschrank maximal einen Tag. Bei Zimmertemperatur verwandelt sich der hohe Zuckergehalt schnell in Stärke, der Mais schmeckt dann nicht mehr süß.

Zuckermais enthält reichlich die Vitamine B_1, B_6 und Niacin sowie Kalium, Magnesium und Phosphat.

Kürbis

Kürbis ist besonders reich an Provitamin A und Kalium.

Ursprünglich war Kürbis das Gemüse der Indianer Südamerikas. Der Kürbis, der bei uns im Handel ist, stammt meist aus Frankreich, Italien, Griechenland oder Deutschland. Kürbis wird von September bis in den späten Winter angeboten, meist handelt es sich um den Riesenkürbis, auch Speisekürbis genannt. Das gelbe oder orangefarbene Fruchtfleisch ist vielseitig zu verwenden. Es wird süß-sauer eingelegt, eignet sich aber auch für Suppen und als Gemüsebeilage. Eine Spezialität ist der traditionelle Kürbiskuchen aus Amerika. Kürbisblüten, gefüllt oder in Teig ausgebacken, sind eine besondere Delikatesse. Eine beliebte Knabberei: die getrockneten, gerösteten Kürbiskerne.

Einkauf: Kleine Kürbisse kauft man stückweise, möglichst mit fleckenloser Schale, große aufgeschnitten.
Lagerung: Ganze Kürbisse halten kühl und trocken gelagert mehrere Monate. Stücke in Folie gehüllt im Kühlschrank etwa drei Tage.

Zucchino

Kleine Früchte bevorzugen, sehr große Zucchini schmecken eher fade.

Zucchini stammen vom Riesenkürbis ab. Sie werden in den Mittelmeerländern und in Mitteleuropa vorwiegend im Freiland kultiviert. Zucchini gibt es ganzjährig, aus heimischem Freilandanbau sind sie im Sommer und Herbst auf dem Markt. Außer den grünen sieht man gelegentlich gelbschalige Zucchini, geschmacklich sind sie gleich. Im Sommer werden vereinzelt auch sehr kleine Zucchini mit Blüten angeboten. Die Blüten sind gefüllt oder ausgebacken, ähnlich wie Kürbisblüten, eine Spezialität. Zucchini schmecken roh als Salat sowie geschmort, fritiert oder gefüllt als Gemüsebeilage oder Vorspeise.

Einkauf: Auf feste Früchte mit unversehrter Schale achten.
Lagerung: Im Gemüsefach des Kühlschranks halten sie sich bis zu zwei Wochen.

Gurke

Bitterstoffe kommen nur noch selten vor. Die Probe macht man am Stielansatz der Frucht.

Wichtige Anbauländer sind die Niederlande, Griechenland, Spanien, Italien und Deutschland. Salatgurken gibt es das ganze Jahr über, sie kommen überwiegend aus dem Gewächshaus oder wachsen unter dem Folientunnel. Außer den etwa 40 cm langen Salatgurken werden auch aromatische Minigurken angeboten. Auch die kürzeren, dicken Schälgurken zählen zu den Salatgurken. Einlegegurken gedeihen meist im Freiland. Haupterntezeit ist von Mitte August bis Mitte September.

Einkauf: Salatgurken müssen dunkelgrün und hart sein. Einlegegurken können dageben hellgrün bis gelblich sein.
Lagerung: Gurken sind kälteempfindlich, nicht im Kühlschrank lagern.

Austernpilz

Austernpilze werden heute vor allem in Deutschland, Frankreich und den Niederlanden gezüchtet. Die 5 bis 15 cm großen flachen Hüte sitzen auf kurzen Stielen. Man unterscheidet den cremefarbenen bis bräunlichen Sommertyp und den blaugrau bis violett gefärbten Wintertyp. Das Fleisch ist weißlich mit mildem Waldpilzgeschmack. Austernpilze kann man braten, dünsten, gratinieren oder marinieren.

Einkauf: Frische Austernpilze sind zart, die Hüte unversehrt. Alte Exemplare riechen fischähnlich.
Lagerung: Im Gemüsefach des Kühlschranks etwa drei Tage.

Die kurzen Stiele nicht verarbeiten, sie sind zäh.

Champignon

In Frankreich wurden Mitte des 17. Jahrhunderts zum ersten Mal Champignons gezüchtet. Mittlerweile sind bei uns auch große Mengen Pilze aus Deutschland und den Niederlanden auf dem Markt. Die weißen Zuchtchampignons sind unter den vielen Champignonarten besonders verbreitet. Die braunen, auch Egerlinge genannt, sind nicht so häufig im Handel. Frische Champignons schmecken roh leicht nussig. Sie passen hervorragend zu Salaten, lassen sich dünsten, braten, grillen, füllen oder marinieren.

Einkauf: Champignons sollten helle Lamellen und geschlossene Hüte haben und sich fest anfühlen.
Lagerung: Im Gemüsefach des Kühlschranks bleiben sie etwa drei Tage frisch.

Champignons enthalten reichlich Kalium sowie die Vitamine B_2 und Niacin.

Shiitake-Pilz

Shiitake-Pilze stammen aus dem Fernen Osten. Sie sind das ganze Jahr über frisch auf dem Markt. Bekannt sind Shiitake-Pilze auch getrocknet unter dem Namen Tongku-Pilze. Das Aroma wird durch Trocknen noch intensiviert. Frische Shiitake-Pilze schmecken vor allem gebraten in Gemüsepfannen oder zu Salaten. Gedünstet sind sie eine feine Beilage. Suppen und Saucen werden mit getrockneten Pilzen verfeinert. Besonders geeignet für asiatische Gerichte.

Einkauf: Möglichst junge Pilze wählen. Bei ihnen ist der Hut noch leicht eingerollt, braun und glatt. Das Pilzfleisch soll fest und saftig sein.
Lagerung: Im Gemüsefach des Kühlschranks bis zu einer Woche.

Die harten Stiele der Pilze werden nicht mit verwendet. Shiitake-Pilze sollen gegen einen zu hohen Cholesterinspiegel wirken.

Pfifferling

Pfifferlinge, auch Rehlinge genannt, gehören zu den beliebtesten Speisepilzen. Vermutlich sind sie deswegen in Deutschland als gefährdete Art zu schonen. Sie wachsen in Mischwäldern und an Waldrändern. Man kann sie nicht kultivieren. Von Juni bis September werden Pfifferlinge im Handel angeboten, häufig stammen sie aus Osteuropa. Pfifferlinge sind gedünstet eine beliebte Beilage, eignen sich für feine Suppen und Saucen und zum Einmachen, beim Trocknen werden sie leicht hart.

Einkauf: Junge, kleinere Pilze bevorzugen. Sie müssen völlig trocken sein.
Lagerung: Im Gemüsefach des Kühlschranks bleiben sie bis zu zwei Tagen frisch.

Frische Pfifferlinge sind besonders reich an Kalium und Eisen.

Steinpilz

Steinpilze zählen zu den wohlschmeckendsten Wildpilzen. Man kann sie nicht kultivieren. Das Fleisch des Steinpilzes ist fest und duftet angenehm nußartig. In Europa haben sie von Juni bis Oktober Saison. Wenn es keine frischen Steinpilze gibt, sind getrocknete eine gute Alternative. Frische Steinpilze schmecken gedünstet oder gefüllt. Getrocknete Steinpilze eignen sich gut für Suppen und Saucen.

Einkauf: Steinpilze müssen trocken und fest sein.
Lagerung: Möglichst innerhalb von einem Tag verbrauchen.

Steinpilze sind reich an Selen, das wie die Vitamine A, C und E als Zellschutzstoff wirkt.

Artischocke

Artischocken sind für Diabetiker zu empfehlen, da sie reichlich Inulin enthalten.

Das edle Distelgemüse, das bei uns angeboten wird, kommt meist aus Frankreich und Italien. Die französischen Artischocken sind rundlich, etwa faustgroß mit grünen Blättern. Sie werden vor allem in der Bretagne angebaut und sind bei uns von Juli bis Oktober auf dem Markt. Die italienischen Artischocken sind spitzer und kleiner mit violetten Blättern. Hauptsaison ist der Winter. Das Beste an der großen Artischocke ist der Blütenboden, aber auch die fleischige Verdickung der Blätter ist eßbar. Die meisten Rezepte stammen aus Frankreich. Häufig wird die Artischocke für Vorspeisen verwendet. Die ganze Artischocke kann gekocht und anschließend gefüllt und überbacken werden oder sie wird mit verschiedenen Dips angeboten. Gegarte Artischockenböden sind, gefüllt oder mariniert, beliebte italienische Antipasti. Sehr junge, zarte Artischocken können auch roh, in dünne Scheiben geschnitten, mit einer Vinaigrette, serviert werden.

Einkauf: Trockene Blattspitzen sowie braun verfärbte Blätter zeigen, daß die Artischocke nicht mehr frisch ist.

Lagerung: Im Kühlschrank, in feuchte Tücher gewickelt, bis zu drei Wochen.

Spargel

Spargel enthält vor allem Eisen, Fluorid sowie die Vitamine E, B_2, Niacin und Folsäure.

Wichtige europäische Anbauländer des edlen Gemüses sind Deutschland, Frankreich, die Niederlande, Belgien, Spanien und Griechenland. Man unterscheidet weiße, violette und grüne Spargelsorten. Weiß bleibt der Spargel, solange er in der Erde steckt, sobald die Köpfe aus der Erde sprießen, verfärben sie sich lila oder grün. Die Farbe hängt also einerseits von den Anbaumethoden ab, andererseits gibt es auch spezielle Grünspargelsorten. Grünspargel schmeckt durch den Gehalt an Blattgrün kräftiger und würziger. Er muß meist nicht geschält werden – man schneidet die Enden großzügig ab oder schält ihn am unteren Ende – und er ist schneller gar. In Deutschland ist der weiße Spargel am beliebtesten, die Saison der heimischen Ernte (z. B. Schrobenhausen, Schwetzingen) dauert von Anfang Mai bis 24. Juni.
Spargel schmeckt gekocht mit verschiedenen Saucen, jungen Kartoffeln und Schinken, als Salat und in Suppen.

Einkauf: Gerade Stangen, feste, geschlossene Köpfe und frische Schnittenden sind Qualitätsmerkmale.

Lagerung: Spargel bleibt, in ein feuchtes Tuch gewickelt, im Gemüsefach des Kühlschranks einige Tage frisch.

Schwarzwurzel

Schwarzwurzeln sind das ideale Gemüse für Diabetiker, da sie reichlich das Kohlenhydrat Inulin enthalten. Dieses kann im Körper ohne Insulin verwertet werden. Außerdem ist das Wurzelgemüse reich an Kalium, Eisen und Ballaststoffen.

Die Schwarzwurzel stammt aus Südeuropa. Seit dem 17. Jahrhundert wird sie als Gemüse angebaut. Anbauländer sind Frankreich, die Niederlande, Belgien und Deutschland. Ernte ist von Oktober bis April. Schwarzwurzeln schmecken gedünstet oder gekocht mit verschiedenen Saucen.

Einkauf: Möglichst dicke Wurzeln ohne Vergabelungen und Nebenwurzeln kaufen. Sie dürfen sich nicht biegen.

Lagerung: Im Gemüsefach des Kühlschranks etwa drei Tage.

STIELGEMÜSE UND SPROSSEN

Staudensellerie

Staudensellerie, auch Bleichsellerie genannt, stammt aus dem Mittelmeergebiet und wird auch heute noch hauptsächlich dort angebaut. Die neueren Sorten sind hellgrün, früher wurden die Stiele durch Einhüllen mit Papier oder Folie gebleicht. Heimische Freilandware hat von Ende August bis November Saison. Staudensellerie schmeckt roh mit Dip, gedünstet oder überbacken.

Einkauf: Frische Blätter und knackige Stangen ohne Flecken zeugen von Qualität.
Lagerung: Im Gemüsefach des Kühlschranks bis zu zwei Wochen.

Staudensellerie ist reich an Kalium.

Sprossen von der Fensterbank

Sprossen kann man heute frisch oder konserviert kaufen. Am knackigsten und frischesten sind sie jedoch selbstgezüchtet, was ganz unkompliziert funktioniert. Zum Keimen eignen sich ausgezeichnet Alfalfa-, Rettich-, Mungobohnen-, Getreide-, Linsen-, Senf-, Radieschen-, Kresse- sowie Kichererbsensamen.
Gekeimtes Getreide schmeckt leicht süßlich. Es bildet beim Keimen feine Faserwurzeln, die nicht mit Schimmel verwechselt werden sollten. Rettich-, Radieschen- und Senfkeime schmecken würzig und scharf, sie haben eine antibakterielle Wirkung. Rettich und Radieschensamen sind daher oft in Samenmischungen enthalten, weil sie Schimmelbildung verhindern.
Die Samen kaufen Sie am besten im Reformhaus oder Naturkostladen, keinesfalls in der Samenhandlung, wo oft Samen verkauft werden, die mit Chemikalien vorbehandelt wurden, um sie vor Schädlingsbefall zu schützen.
Zum Keimen brauchen die Samen Licht, Luft und Feuchtigkeit. Es gibt im Handel spezielle Keimgeräte zu kaufen, das Keimen klappt aber auch im einfachen Marmelade- oder Weckglas.
Senf und Kresse bilden beim Keimen Schmierstoffe. Lassen Sie sie darum auf einem flachen Teller keimen und nicht im Keimgerät, da das Wasser nicht gründlich genug ablaufen kann. Die genaue Anleitung zum Sprossenziehen finden Sie auf Seite 35.
Diese beiden Sprossenarten werden oft in Gemüse- oder Naturkostläden fertig gekeimt angeboten:

Alfalfasprossen

Alfalfasprossen sind die gekeimten Samen der Luzerne. Roh streut man sie über Salate oder aufs Butterbrot. Sie schmecken aber auch sehr gut kurz in Butter gedünstet. Vor dem Verzehr sollte man die Sprossen stets in einem Sieb mit kaltem Wasser abspülen und gut trockenschütteln.

Einkauf: Alfalfasprossen werden meist in Frischhaltepackungen oder lose angeboten. Bei Plastikbeuteln darauf achten, daß sie weder aufgebläht noch im Innern feucht beschlagen sind.
Lagerung: Sprossen im Gemüsefach des Kühlschranks nicht länger als zwei Tage lagern, da sie anfällig für Schimmelbildung sind und die wertvollen Nährstoffe abbauen.

Alfalfasprossen enthalten vor allem Magnesium, Eisen und das Vitamin Folsäure.

Mungobohnensprossen

Die Mungobohne wird auch grüne Sojabohne genannt. Die Sprossen schmecken nussig und passen, kurz im Wok oder in der Pfanne gebraten, sehr gut zu Gemüse.
Frische Mungobohnensprossen müssen auf jeden Fall vor dem Genuß erhitzt, zum Beispiel blanchiert werden. Sie können das natürliche Gift Phasin enthalten, dieses wird durch Hitze zerstört.

Einkauf: Mungobohnensprossen werden frisch und als Konserven im Glas angeboten. Frische Mungobohnensprossen sollten ein bis zwei cm lang sein, dann ist der Nährwert am größten. Außerdem sollten die Keime hell und fest, keinesfalls bräunlich sein. Konservierte Mungobohnensprossen sind häufig unter dem Namen Sojabohnenkeimlinge im Handel.
Lagerung: Frische Sprossen höchstens zwei Tage im Kühlschrank.

Mungobohnensprossen sind reich an Folsäure, das ist wichtig für den gesunden Zellstoffwechsel.

Dicke Bohnen

Dicke Bohnen enthalten wertvolles Eiweiß, die Vitamine B_1 und E sowie Eisen, Kalium und Magnesium.

Die Dicke Bohne, auch Puffbohne oder Saubohne genannt, wird vor allem in Italien, Spanien und Frankreich angebaut. Dicke Bohnen wachsen stets im Freiland. Importierte Bohnen werden von Januar bis September auf unseren Märkten frisch angeboten. Außerdem gibt es die dicken Bohnen tiefgekühlt, getrocknet und als Konserven. Roh sind sie nur ganz jung genießbar.

Einkauf: Frische Bohnen in ihren Hülsen müssen sauber, knackig und die Hülsen 6 bis 14 cm lang sein. Um 100 g Bohnenkerne zu bekommen, muß man etwa 400 g Hülsen kaufen.
Lagerung: Dicke Bohnen in den Hülsen halten im Gemüsefach bis zu zwei Wochen, Kerne ohne Hülse zwei Tage.

Grüne Bohnen

Grüne Bohnen sind nicht zum Rohverzehr geeignet, sie enthalten den giftigen Eiweißstoff Phasin, der sich durch Hitze abbaut.

Die Heimat der grünen Bohnen liegt in den Subtropen Mittel- und Südamerikas. Heute werden sie schwerpunktmäßig in Europa, Ostasien und Afrika angebaut. Freilandbohnen haben von Mai bis Oktober Saison. Man unterscheidet Stangen- und Buschbohnen. Die wichtigsten Bohnentypen: Brechbohnen, das sind dickfleischige, rundhülsige Bohnen, die sich glatt durchbrechen lassen, Wachs- oder Butterbohnen mit gelben Hülsen. Prinzeß- und Delikateßbohnen sind Sorten mit kurzen Hülsen, die jung und zart gepflückt werden. Die »Haricots verts« haben stricknadeldünne Hülsen und sind kernlos. Ihnen ähnlich sind die Keniabohnen. Die kleinen zarten grünen Bohnen bleiben ganz und sind gekocht eine feine Gemüsebeilage. Die größeren Bohnen werden zerkleinert und gekocht, gedünstet oder geschmort.

Einkauf: Grüne Bohnen müssen fest und knackig sein, sie dürfen keine braunen Flecken haben.
Lagerung: Im Kühlschrank höchstens zwei Tage.

Getrocknete Bohnen

Getrocknete Bohnen enthalten wertvolles Eiweiß, Kalium, Eisen sowie die Vitamine B_1, B_2 und Niacin. Mit Getreide oder Kartoffeln kombiniert, sind sie ein vollwertiger Fleischersatz.

In Europa kommen getrocknete Bohnen meist aus den Mittelmeerländern, vor allem aus Italien.
Bei uns sind die **Weißen Bohnen** und die roten **Kidneybohnen** (ohne Bild) sehr beliebt.
Die **Borlotti-Bohne** stammt aus Italien, sie ist bräunlich mit roten Streifen und Flecken, die beim Kochen grün werden.
Die **Dicken Bohnen** sind besonders ballaststoffreich und daher schwer verdaulich. Sie werden wie frische verwendet (siehe oben).
Die großen rot-braunen **Feuerbohnen** mit schwarzen Tupfen werden bevorzugt für Püree verwendet, da sie beim Garen sehr schnell zerfallen.
Die langen, schlanken **Schwarzen Bohnen** sind innen weiß. Sie sind aromatisch und schmecken leicht süßlich.
Alle Bohnen werden zunächst in stehendem Wasser gewaschen und dabei gleichzeitig verlesen. Vor dem Garen weicht man die Bohnen etwa 12 Stunden ein.

Einkauf: Die Bohnenkerne sollten glatt und unbeschädigt sein.
Lagerung: Bohnen möglichst kühl, dunkel, trocken und luftig aufbewahren.

Weiße Bohne

große Borlotti-Bohne

kleine Borlotti-Bohne

Feuerbohne

Schwarze Bohne

HÜLSEN- UND SAMENFRÜCHTE

Erbsen

In Europa kommen die meisten Erbsen aus Frankreich und Italien. In Deutschland spielt der Erbsenanbau nur eine geringe Rolle. Nur ein kleiner Teil der Ernte wird frisch vermarktet. Grundsätzlich unterscheidet man drei Erbsentypen: die **Schalerbsen**, auch Palerbsen genannt, die leicht mehlig sind, die **Markerbsen** mit süßem Geschmack und die **Zuckerschoten**. Die Zuckerschote, auch Kaiserschote oder »Mangetout« genannt, unterscheidet sich vor allem dadurch, daß sie keine ungenießbare Pergamentschicht im Innern der Schote ausbildet. Sie kann deshalb mit der zarten Schote im Ganzen zubereitet werden. Zuckerschoten werden hauptsächlich von Dezember bis September angeboten. Schal- und Markerbsen haben von Juni bis Ende August Saison

Erbsen werden meist solo oder mit anderen Gemüsesorten gemischt als Beilage serviert. Die zarten Zuckerschoten schmecken sehr gut gedünstet oder »pfannengerührt«.

Einkauf: Frische Erbsenschoten müssen stets knackig grün aussehen. Sie dürfen nicht gelblich sein und keine Flecken haben. Die Samen der Zuckerschoten sollten nur wenig ausgebildet sein. Bedenken Sie bei Schal- und Markerbsen: Um 100 g Erbsen zu bekommen, benötigen Sie etwa 300 g Erbsenschoten.

Lagerung: Frische Erbsen höchstens zwei Tage, in Papier eingewickelt, im Gemüsefach des Kühlschranks aufheben.

Erbsen sind reich an biologisch hochwertigem Eiweiß. Außerdem enthalten sie reichlich B-Vitamine.

Getrocknete Erbsen

Es gibt verschiedenfarbige Erbsen, die Farbe sagt jedoch nichts über die Qualität aus. Trockenerbsen werden sowohl geschält als auch ungeschält angeboten. Die ungeschälten sind nährstoffreicher, geschälte Erbsen leichter verdaulich, da beim Schälen die Cellulosehülle entfernt wird. Geschälte Erbsen eignen sich gut für Pürees und Cremesuppen, ungeschälte Erbsen für deftige Wintereintöpfe.

Beim Schälen zerfallen die Erbsen häufig in zwei Hälften, die dann als Splittererbsen verkauft werden. Vor dem Garen weicht man die ungeschälten Erbsen etwa 12 Stunden ein. Geschälte Erbsen sind ohne Einweichen schon nach 20 bis 30 Minuten weich. Trockenerbsen immer erst nach dem Garen salzen.

Einkauf: Überlagerte Ware erkennt man an ihrer glanzlosen, schrumpeligen Haut.

Lagerung: Getrocknete Erbsen möglichst kühl und trocken aufbewahren.

Getrocknete Erbsen zeichnen sich vor allem durch ihren hohen Gehalt an Eiweiß und Vitamin B_1 aus. Mit Getreide oder Kartoffeln kombiniert, sind sie ein vollwertiger Fleischersatz.

Kichererbsen

Kichererbsen werden vorwiegend in Indien, Pakistan, der Türkei und Spanien angebaut. Kichererbsen lassen sich ähnlich wie Trockenerbsen zubereiten.

Getrocknete Kichererbsen müssen vor dem Garen etwa 12 Stunden eingeweicht werden.

Einkauf: Kichererbsen werden getrocknet und bereits gegart in Dosen angeboten.

Lagerung: Getrocknete Kichererbsen trocken, luftig und kühl in verschlossenen Gefäßen aufbewahren.

Kichererbsen sind besonders reich an Eiweiß, Vitamin B_1 und B_6, Folsäure und den Mineralstoffen Phosphor, Magnesium und Eisen.

Linsen

Bei uns werden unterschiedliche Linsensorten angeboten: Tellerlinsen, auch Grüne Linsen genannt, sind mit einem Durchmesser von 7 mm die größten. Berglinsen sind grün-dunkelbraun und schmecken besonders kräftig. Rote Linsen sind geschält, schnell gar und haben einen feinen Geschmack. Linsen müssen nicht eingeweicht werden.

Einkauf: Linsen müssen glatt sein, die Samen dürfen keine kleinen Löcher haben. Linsen gibt es bereits gegart, allerdings meist auch gewürzt, in Dosen zu kaufen.

Lagerung: Trockenlinsen kühl, luftig und trocken aufbewahren.

Linsen sind reich an wertvollem Eiweiß, Kalium, Eisen und an den Vitaminen B_1, B_2, B_6 und Niacin. Sie bestehen zu 50 Prozent aus Kohlenhydraten.

Weißkohl

Rotkohl

Spitzkohl

Wirsing

Kopfkohl

Obwohl die Anbaufläche für Weiß- und Rotkohl in den letzten 65 Jahren um ein Viertel zurückgegangen ist, gehört Deutschland noch immer zu den führenden Anbauländern. Das größte geschlossene Kohlanbaugebiet Europas ist Dithmarschen in Norddeutschland.

Dort wird hauptsächlich **Weißkohl** angebaut. Man unterscheidet Sommerkohl mit eher lockeren und grünen Köpfen sowie den festeren Winterkohl, der oft gelb-weißlich ist. Weißkohl wird wie **Rotkohl** das ganze Jahr über geerntet. Auch bei Rotkohl unterscheidet man Frührotkohl, der bereits im Juni geerntet wird und Herbstrotkohl, der ab November auf den Markt kommt. Rotkohl gilt bei uns als Wintergemüse, denn vor allem die robusten Dauersorten sind typische Lagerware und mindestens bis März erhältlich. Frührotkohl eignet sich für Rohkost. Ansonsten wird Rotkohl vorwiegend geschmort und gedünstet. Roh schmeckt er etwas süßlicher als Weißkohl. Rotkohl enthält reichlich die Vitamine E, B_6 und C.

Eine besondere Art ist **Spitzkohl**. Seine Blätter sind zart, die Köpfe locker und spitz zulaufend. Das Aroma ist feiner als das von Weißkohl. Spitzkohl wird von April bis Dezember aus heimischer Ernte angeboten. Weißkohl und auch Spitzkohl schmecken roh, gekocht oder geschmort, zum Beispiel als Kohlrouladen. Spitzkohl ist schneller gar als Weißkohl.

Wirsing ist nach Weiß- und Rotkohl die drittwichtigste Kopfkohlart. Der deutsche Markt wird vorwiegend aus heimischer Ernte mit Wirsing beliefert. Er wird nahezu ganzjährig angeboten. Sommerwirsing ist zarter als Winterwirsing. Die grünen Blätter sind stets am Rand gewellt und netzartig gerippt. Der Geschmack ist mild-würzig. Wirsing wird gekocht oder geschmort. Wirsing enthält reichlich die Vitamine E und Folsäure.

Sauerkraut wird vor allem aus großen Weißkohlköpfen, die im Herbst geerntet werden, hergestellt. In Süddeutschland wird auch eine Spitzkohlart, das »Filderkraut« dafür verwendet. So wird Sauerkraut gemacht: Weißkohl wird gehobelt, gesalzen und vergoren. Es handelt sich dabei um eine Milchsäuregärung, wobei Kohlenhydrate in Milchsäure und Essigsäure umgewandelt werden. Gibt man bei oder nach der Gärung Wein dazu, erhält man Weinsauerkraut. Sauerkraut gibt es frisch vom Faß, abgepackt in Beuteln und konserviert in Dosen. Es liefert die Vitamine C und B_6.

Einkauf: Die Kohlköpfe müssen glänzend frisch und unversehrt aussehen. Auch Wirsingköpfe müssen fest geschlossen sein, nur die Hüllblätter dürfen lose, aber nicht welk sein.

Lagerung: Sommerkohl, Spitzkohl und Wirsing im Gemüsefach des Kühlschranks ein bis zwei Wochen. Der Winterkohl – rot und weiß – ist ein typisches Lagergemüse, hält sich kühl aufbewahrt bis zu sechs Monaten.

Grünkohl enthält besonders viel Provitamin A und Vitamin C sowie Eisen und Jod.

Grünkohl

Grünkohl wird vorwiegend in Skandinavien, Großbritannien, den Niederlanden und Deutschland angebaut. In Deutschland wird der Bedarf durch die einheimische Ernte gedeckt. Saison ist von November bis Ende Februar. Frost verbessert den Geschmack des Grünkohls und macht ihn bekömmlicher. Dabei wird ein Teil der Stärke in Zucker umgewandelt und der Kohl schmeckt leicht süßlich. Die Blätter werden blanchiert und gedünstet.

Einkauf: Auf grüne frische Blätter achten. Oft sind die Blätter bereits von den Stengeln gestreift, kleingerupft und in Folienbeutel verpackt. Wird auch in guter Qualität tiefgefroren angeboten.

Lagerung: Im Gemüsefach des Kühlschranks etwa eine Woche.

Rosenkohl enthält reichlich Kalium, Magnesium und Eisen sowie die Vitamine B_2, B_6 und Folsäure.

Rosenkohl

Rosenkohl wird vorwiegend in den Küstengebieten der Nordsee und des Atlantiks kultiviert. Rosenkohl verträgt bis minus 12°, kann darum an klimatisch günstigen Standorten den ganzen Winter vom Feld geerntet werden. Rosenkohl aus deutscher Ernte hat von Ende August bis Dezember Saison. Frost erhöht den Zuckergehalt der Röschen und macht sie leichter verdaulich. Rosenkohl schmeckt gedünstet und gratiniert.

Einkauf: Auf makellose Köpfchen ohne welke Deckblätter achten.

Lagerung: Frischer Rosenkohl hält sich im Gemüsefach des Kühlschranks etwa zwei Tage. Er läßt sich gut einfrieren.

KOHLGEMÜSE

Blumenkohl

Blumenkohl stammt ursprünglich aus dem Orient. Heute wird er weltweit angebaut. Über die Hälfte unseres Verbrauchs stammt aus Frankreich und Italien. Aus heimischem Anbau bekommt man Blumenkohl von Ende Mai bis Oktober. Der Blütenstand wird beim Wachsen mit Hüllblättern bedeckt – das ist der Grund dafür, daß er schön weiß bleibt. Aus Italien, Frankreich und den Niederlanden kommt auch eine gelbgrüne Sorte mit türmchenähnlicher Struktur. Sie heißt **Romanesco** (ohne Bild).
Blumenkohl und auch Romanesco schmecken vor allem gekocht, überbacken und fritiert.

Einkauf: Fest geschlossene Köpfe ohne Flecken kaufen.
Lagerung: Im Gemüsefach des Kühlschranks drei bis vier Tage. Nicht zusammen mit Obst lagern, da dieses Äthylen, ein Reifegas ausströmt, das das Welken des Blumenkohls beschleunigt.

Blumenkohl ist sehr leicht verdaulich. Er ist reich an Kalium.

Broccoli

Das Hauptanbaugebiet für Broccoli ist Italien – vermehrt auch Frankreich und Spanien – dort wächst er das ganze Jahr über. Die Freilandernte in Deutschland geht von August bis Oktober. Wie beim Blumenkohl sind Blütenstiele und Blütenknospen der eßbare Teil. Beim Broccoli sitzen die Knospen auf verzweigten Stielen. Broccoli wird ähnlich zubereitet wie Blumenkohl, ist aber schneller gar.

Einkauf: Frischer Broccoli darf keine gelben Stellen haben.
Lagerung: Er hält sich im Kühlschrank bis zu zwei Tagen.

Broccoli ist besonders reich an Eisen, Kalium, Provitamin A und Vitamin C.

Kohlrabi

In Deutschland wird, verglichen mit dem übrigen Europa, die größte Menge Kohlrabi produziert und verzehrt. Hauptsaison hat Kohlrabi von April bis Oktober. Man unterscheidet den weiß bis hellgrünen und den violettfarbenen Kohlrabi. Die Farbe spielt für den Geschmack keine Rolle. Kohlrabi schmeckt nicht typisch nach Kohl, sondern eher leicht nußartig.
Das zarte Knollengemüse schmeckt roh und gedünstet. Die Knollen können auch gut gefüllt werden.

Einkauf: Das Kraut sollte frisch sein, die Schale der Knolle glatt und ohne Risse. Bevorzugen Sie kleinere Knollen, die großen können »holzig« sein.
Lagerung: Im Gemüsefach des Kühlschranks etwa eine Woche.

Verwenden Sie die zarten Blättchen mit. Sie enthalten besonders viel Provitamin A und Vitamin C.

Chinakohl

Chinakohl wird im Reich der Mitte vermutlich seit dem 5. Jahrhundert angebaut. In Europa wird er heute unter anderem in Deutschland, den Niederlanden und Italien kultiviert und ist fast ganzjährig im Handel. Er ist wahrscheinlich eine Kreuzung aus Pak-Choi und der Speiserübe und somit mit unserem Weißkohl nur entfernt verwandt. Es gibt zwei Sorten: Die langköpfige, lockere Form mit schmalen, grünen Blättern – bei uns kaum im Handel – und den ovalen Typ mit festeren Köpfen und gelbgrünen, stärker gekräuselten Blättern, der auch Japankohl genannt wird. Die Blätter des Chinakohls haben einen zarten Geschmack, in der Mitte des Kopfes befindet sich kein Strunk. Chinakohl schmeckt roh sowie gedünstet.

Einkauf: Chinakohl muß bis in die Spitzen hinein fest und knackig sein.
Lagerung: Im Gemüsefach des Kühlschranks möglichst nicht länger als zwei Tage aufbewahren.

Chinakohl ist besonders leicht verdaulich, denn er wirkt nicht blähend.

Kartoffel

Kartoffeln sind ein sehr gesundes Grundnahrungsmittel, denn sie sind reich an biologisch hochwertigem Eiweiß, an Kalium, Vitamin C und B_1. Grüne Stellen vor der Zubereitung unbedingt entfernen, da sie das giftige Solanin enthalten.

Ursprünglich stammt die Kartoffel aus den Anden Südamerikas. In Deutschland wird sie seit dem 17. Jahrhundert angebaut. Speisekartoffeln aus deutscher Ernte haben von Juni bis Oktober Saison. Danach wird der Markt mit Lagerkartoffeln und Importware aus den Mittelmeerländern, aus Israel oder Marokko versorgt. Hauptlieferant ist Italien. Die Kartoffeln unterscheiden sich nach Kocheigenschaft. Festkochende Sorten wie Sieglinde, Hansa oder Nicola eignen sich besonders gut für Kartoffelsalat. Vorwiegend festkochende sind Christa, Désirée, Granola und Grata. Sie zeigen beim Kochen eine mittlere Festigkeit und eignen sich gut als Salzkartoffeln, Pellkartoffeln, Folienkartoffeln und für Gratins. Mehligkochende Sorten, wie Irmgard oder Aula, enthalten besonders viel Stärke und eignen sich zum Gratinieren, für Suppen, Klöße, Kartoffelpuffer und Kartoffelbrei.

Einkauf: Die Knollen müssen unbeschädigt, ohne grüne Flecken und Keimansätze sein.
Lagerung: Frühkartoffeln möglichst bald verzehren, späte Sorten – die Lagerkartoffeln – können kühl, trocken und dunkel einige Monate lagern.

Topinambur

Topinambur gewinnt als »Diabetikerkartoffel« an Bedeutung, da er reichlich Inulin enthält. Außerdem sind die Knollen reich an Kalium, Eisen, Vitamin B_1, Niacin und Ballaststoffen.

Ursprünglich war Topinambur, auch Erdartischocke genannt, ein Gemüse der Indianer Nordamerikas. Die frostharte Knolle einer Sonnenblumenart wächst heute auch in Deutschland und hat von Oktober bis Mai Saison.
Die Knollen sollten vor dem Garen kräftig unter fließendem Wasser gebürstet werden, das Schälen entfällt. Topinambur schmeckt sehr gut als Rohkost. Er ist gedünstet, gebraten oder püriert eine Alternative zur Kartoffel.

Einkauf: Die hellbraunen bis violetten, runden oder spindelförmigen Knollen müssen straff und glatt aussehen.
Lagerung: Im Gemüsefach des Kühlschranks höchstens zwei Tage.

Knollensellerie

Sellerie enthält reichlich Kalium, Calcium sowie die Vitamine B_6 und Niacin.

Die Heimat des Knollenselleries war ursprünglich der Mittelmeerraum, mittlerweile wird er in ganz Europa kultiviert. Heimischer, junger Sellerie aus Freilandkulturen ist von Juli bis November auf dem Markt. Außerdem sind Importe aus den Niederlanden, aus Frankreich oder Belgien im Handel. Knollensellerie schmeckt sehr gut roh geraspelt oder gekocht und gestiftelt als Salat. Gekocht kann man Suppen oder Pürees daraus bereiten, ebenso gut schmeckt er in Scheiben geschnitten, paniert und knusprig gebraten.

Einkauf: Junger Sellerie muß frisches Blattgrün haben. Die Knolle muß stets hart sein und darf beim Daranklopfen nicht hohl klingen, sonst ist sie innen schwammig. Die Schnittfläche von angeschnittenen Knollen muß weiß sein.
Lagerung: Im Gemüsefach des Kühlschranks eine Woche. Angeschnittene Stücke in Folie einwickeln.

Rote Bete

Rote Bete ist reich an Kalium, Magnesium und Eisen sowie an den Vitaminen B_6, Niacin und Folsäure.

Die Heimat der roten Bete, auch rote Rübe genannt, liegt am östlichen Mittelmeer und in den Steppen Asiens. Bei uns wird sie das ganze Jahr über angeboten, ab Mai die jungen, kleinen, ab August die dicken Knollen. Rote Bete schmeckt fein geraspelt als Rohkost, gekocht und süß-sauer eingelegt als Beilage zu Fleisch. Ebenfalls köstlich: wie Kartoffeln in der Folie backen.

Einkauf: Möglichst kleine pralle Knollen mit unverletzter Schale und ohne Seitenwurzeln kaufen.
Lagerung: Im kühlen Keller, möglichst mit Sand bedeckt, mehrere Wochen, im Gemüsefach einige Tage.

WURZEL- UND KNOLLENGEMÜSE

Möhre

Möhren werden weltweit angebaut. Man unterscheidet Bundmöhren mit Kraut und Waschmöhren ohne Kraut. Kleine runde Möhren heißen Pariser Karotten. Haupterntezeit der Möhre ist von Juni bis September. Im Frühsommer gibt es die besonders zarten Bundmöhren mit feinem, leicht süßlichem Geschmack. Waschmöhren aus frischer Ernte gibt es bis September, danach werden eingelagerte Möhren oder Importware aus Italien, den Niederlanden oder Israel angeboten.
Möhren schmecken roh als Salat sowie gekocht als Gemüsebeilage oder Püree.

Einkauf: Das Kraut von Bundmöhren muß frisch sein. Die Rüben müssen stets unverletzt und ohne Flecken sein.

Lagerung: Bundmöhren schnell verbrauchen. Zum Lagern im Kühlschrank das Kraut abschneiden, es entzieht Feuchtigkeit. Waschmöhren halten vier Wochen.

Die Möhre ist das Gemüse mit dem höchsten Gehalt an Provitamin A. Dieses kann nur in Verbindung mit Fett vom Körper aufgenommen werden. Fügen Sie also der Rohkost oder dem Gemüse etwas Öl bzw. Butter zu.

Petersilienwurzel

Die Petersilienwurzel hat wie die Blattpetersilie ihren Ursprung im südöstlichen Mittelmeergebiet. Das typische Wintergemüse wird aus heimischer Ernte ab Oktober angeboten. Petersilienwurzeln werden hauptsächlich als Suppengemüse verwendet. Sie schmecken aber auch roh, gedünstet oder fritiert sehr aromatisch.
Die **Pastinake** ist der Petersilienwurzel sowohl von der Form als auch von den Eigenschaften her ähnlich. Diese von November bis Mai angebotene Wurzel gewinnt seit einigen Jahren wieder an Bedeutung. Sie kann wie die Möhre zubereitet werden.

Einkauf: Die Wurzeln dürfen samt ihren Blättern, soweit noch vorhanden, nicht schlaff oder welk sein.

Lagerung: Im Gemüsefach des Kühlschranks bleiben sie etwa eine Woche frisch.

Petersilienwurzeln sind reich an Kalium, Eisen und Niacin.

Fenchel

Fenchel stammt ursprünglich aus Kleinasien. Heute liegen seine Hauptanbaugebiete in Südeuropa. Hauptsaison ist von Oktober bis Mai. Aus heimischem Anbau kommt eine eher bescheidene Menge von Ende August bis November. Die Gemüseknolle mit dem anisähnlichen Geschmack und den zart gefiederten Blättern schmeckt fein geraspelt als Rohkost, aber auch im ganzen gebacken oder in Scheiben gedünstet als Gemüsebeilage.

Einkauf: Das Fenchelgrün soll leuchtend grün und frisch sein, die Knollen makellos und weiß, die Schnittflächen nicht braun oder schmierig.

Lagerung: Im Gemüsefach des Kühlschranks bis zu zwei Wochen.

Fenchel ist reich an Kalium und Eisen sowie an den Vitaminen E, C und Folsäure.

Speiserübe

Speiserüben waren schon im griechischen und römischen Altertum bekannt. Heute sind sie weltweit verbreitet. Es gibt verschiedene Sorten. Die **Mairübe**, auch Navette genannt, ist klein, kugelig und weißfleischig. Sie wird im Mai/Juni angeboten. Die **Teltower Rübchen** (ohne Bild) sind besonders klein und schmecken sehr fein, man bekommt sie von Mai bis August und von Oktober bis Dezember. Die größeren **Herbstrüben** (ohne Bild) mit grünen oder roten Köpfen haben einen kräftigen Geschmack, der an Rettich erinnert.
Die zarten Mairüben und Teltower Rübchen schmecken gedünstet und glasiert, Herbstrüben gekocht in Suppen und Eintöpfen sowie als Püree.

Einkauf: Glatte, unbeschädigte Knollen auswählen.

Lagerung: Im Kühlschrank etwa eine Woche.

Bei jungen Mairüben können die zarten Herzblätter mit verwendet werden.

Radieschen

Radieschen sind reich an Eisen. Der scharf-würzige Geschmack kommt vom enthaltenen Senföl.

Radieschen werden weltweit kultiviert. Bei uns sind sie das ganze Jahr über erhältlich, von April bis Oktober meist aus heimischem Freilandanbau, danach aus Unterglas-Kulturen. Ein großer Teil unseres Angebots stammt aus den Niederlanden. Radieschen gibt es kugelig und länglich, leuchtend rot bis violett, rot mit weißen Spitzen oder ganz weiß. Freiland-Radieschen sind meist schärfer als solche aus Unterglas-Kultur.
Radieschen werden hauptsächlich roh gegessen.

Einkauf: Frisches Grün und feste Köpfe sind Qualitätsmerkmale. Kleine Köpfe sind aromatischer.
Lagerung: Blätter und Wurzeln entfernen. Die Köpfe mit Wasser besprengen, in einer luftdichten Dose im Kühlschrank aufheben. So halten sie eine Woche.

Rettich

Rettich enthält Senföle, diese fördern den Appetit und regen die Sekretion der Verdauungssäfte an.

Ursprünglich ist der Rettich in Vorderasien beheimatet. Bedeutende europäische Anbauländer sind Frankreich, Italien, die Niederlande und Deutschland. Unser Bedarf wird vorwiegend aus heimischer Ernte gedeckt. Aus Freilandanbau werden von Mai bis Juli weiße und rosafarbene Mairettiche angeboten, von Juli bis September gibt es die weißen Sommerrettiche und von Oktober bis Februar die schwarzen Herbst- und Winterrettiche. In der übrigen Zeit gibt es Rettiche aus dem Anbau unter Glas. Frühjahrsrettiche sind besonders scharf. Rettich wird in Deutschland meist roh verzehrt. Nur der Winterrettich muß geschält werden, bei den übrigen reicht kräftiges Bürsten unter fließendem Wasser. In Bayern gehört der »Radi« zur Brotzeit im Biergarten. Durch Einsalzen und kurzes Ziehenlassen wird Rettich milder.

Einkauf: Rettich muß fest sein und eine möglichst glatte Schale haben. Die Blätter sollten frisch sein.
Lagerung: Im Gemüsefach des Kühlschranks, in ein feuchtes Tuch gewickelt, etwa zehn Tage.

Meerrettich

Geraspelter Meerettich verfärbt sich schnell, deshalb sofort mit Zitronensaft beträufeln. Tränen lassen sich vermeiden, wenn die Wurzel tiefgefroren geraspelt wird.

Auf deutschen Märkten findet man hauptsächlich einheimischen Meerrettich. Er wird von Ende September bis Mitte April angeboten. Meerrettich enthält reichlich Senfölglycosid, diese Substanz macht ihn intensiv scharf und verursacht bereits beim Reiben Tränen. Frisch geriebener Meerrettich, mit geschlagener Sahne vermischt, ist zu Räucherfisch beliebt. Warme Meerrettichsaucen passen zu gekochtem Fleisch. Weit verbreitet ist auch tafelfertig zubereiteter Meerrettich aus Glas oder Tube.

Einkauf: Die frischen Stangen müssen unverletzt, fest und möglichst sauber sein.
Lagerung: Im Kühlschrank vier Wochen.

Knoblauch

Knoblauch enthält das schwefelhaltige Öl Allicin. Dieser Wirkstoff ist für den berüchtigten Geruch der Knolle verantwortlich und soll der Arterienverkalkung vorbeugen.

Die Heimat des Knoblauchs liegt in Asien. Heute sind die wichtigsten Anbauländer Italien, Spanien, Frankreich, Ägypten und Kalifornien. Frischer Knoblauch hat im Frühjahr und Sommer Hauptsaison, getrockneten bekommt man das ganze Jahr. Knoblauch gibt es mit weißen oder rosafarbenen Häuten. Der rosafarbene gilt als aromatischer.
Knoblauch ist unendlich vielseitig zu verwenden und für viele südländische und asiatische Gerichte unverzichtbar. Er würzt Lamm, Geflügel, Kräutersaucen und Nudelgerichte genauso wie fernöstliche Gemüsepfannen.

Einkauf: Frischer Knoblauch hat grüne, feste Stiele. Getrocknete Knollen müssen sich fest und trocken anfühlen. Sie dürfen keine grünen Triebe haben.
Lagerung: Frischer Knoblauch hält sich im Gemüsefach zwei Wochen. Getrockneten kühl, luftig und trocken lagern.

ZWIEBELGEMÜSE

Lauch

Lauch, auch Porree genannt, wird in Europa meist im Freiland kultiviert. Auf unseren Märkten ist er das ganze Jahr über erhältlich. Importe aus den Niederlanden, Belgien, Frankreich, Italien und der Türkei ergänzen die Inlandsernte. Man unterscheidet Sommer-, Herbst- und Winterlauch. Der Unterschied liegt in der Schaftlänge und -dicke sowie in der Farbe der Blätter. Frühe Sorten haben eine kürzere Garzeit und sind feiner und zarter im Geschmack.
Lauch schmeckt gedünstet sehr gut als Gemüsebeilage, gekocht in Suppen und Eintöpfen sowie überbacken als Gratin.

Einkauf: Keine Stangen mit gelbbraun gefleckten oder welken Blättern kaufen.
Lagerung: Lauch hält im Gemüsefach des Kühlschranks etwa vier Tage. Vorsicht: Er überträgt seinen Geruch auf aromaempfindliche Produkte wie Butter oder Beeren, er sollte deshalb in Plastikfolie eingewickelt oder getrennt aufbewahrt werden.

Lauch ist reich an Eisen sowie an den Vitaminen B_1, B_6 und Folsäure.

Zwiebel

Einst brachten römische Soldaten die Speisezwiebeln in die Länder nördlich der Alpen. Heute gibt es kaum ein Gericht ohne sie. Die Vielfalt ist riesig. Hier die wichtigsten Sorten:
Die **Küchenzwiebel** ist eine Universalzwiebel. Ihr Geschmack ist scharf-würzig. Wenn im Rezept Zwiebel steht, ist stets sie gemeint. Sie eignet sich zum Schmoren mit Fleisch, zum Dünsten mit Gemüse oder zum Würzen von Salat. Die **Rote** und auch die **weiße Zwiebel** schmeckt mild-würzig, leicht süßlich. Sie eignet sich gut für Salate. Sie ist kaum lagerfähig. Die **Gemüsezwiebel** ist groß, rund, mildwürzig und ideal zum Schmoren, Grillen und Füllen. Außerdem eignet sie sich für Salate. Eher seltener findet man die **Silberzwiebel**, auch **Perlzwiebel** genannt. Die kleinste Zwiebelart wird meist sauer eingelegt. Sie schmeckt aber auch geschmort, gedünstet oder glasiert als Beilage. Die **Schalotte** ist die edelste aller Zwiebeln. Sie ist klein, meist birnenförmig, selten rund. Das weiße bis violettfarbene Fleisch hat ein besonders intensives pikant-würziges Aroma. Schalotten spielen vor allem in der französischen Küche eine wichtige Rolle. Sie verfeinern viele Saucen und Salate. Die **Frühlingszwiebel** hat eine kleine Zwiebel und grüne lange Blätter, die mitverwendet werden. Die **Lauchzwiebel**, manchmal auch Frühlingszwiebel genannt, hat keine richtige Zwiebel ausgebildet, sondern ähnelt eher jungem Lauch. Frühlingszwiebeln gibt es bei uns das ganze Jahr über. Die milden zarten grünen Blätter eignen sich roh für Salate oder Quarkmischungen sowie gedünstet für Gemüsegerichte.

Einkauf: Frühlingszwiebeln sollten an den Zwiebelansätzen und Blättern frisch aussehen. Die anderen genannten Zwiebeln müssen unbeschädigt, fest und trocken sein.
Lagerung: Frühlingszwiebeln im Kühlschrank bis zu sechs Tagen. Alle anderen Zwiebeln (außer der roten) kann man kühl, luftig, trocken und dunkel mehrere Monate lagern. Die Küchenluft ist zu feucht, um Zwiebelzöpfe aufzuhängen.

Speisezwiebeln enthalten schwefelhaltige, ätherische Öle wie das stechend riechende Allicin. Dieses bedingt den typischen Geruch und Geschmack und ist der Grund für die Tränen beim Zwiebelschneiden. Außerdem wirkt Allicin verdauungsanregend und antibiotisch.

Schalotte

Gemüse Zwiebel

Weiße Zwiebel

Lauchzwiebel

Küchenzwiebel

KÜCHENTECHNIK

Hier dreht sich alles um die praktischen Dinge in der Gemüseküche: Wie bereitet man Artischocken vor, wird grüner Spargel anders geschält als weißer, wie häutet man profimäßig eine Tomate? Außerdem erfahren Sie das Wichtigste über die verschiedenen Garmethoden. Auf den nächsten Seiten erwarten Sie viele wertvolle Tips und Tricks rund ums Gemüse.

Zwiebel schneiden

Zwiebel schälen und halbieren. Mit der Schnittfläche nach unten längs mehrmals einschneiden, aber nicht ganz bis zum Wurzelende durchschneiden, damit die Zwiebel zusammenhält. Ein- bis zweimal parallel zur Schnittfläche einschneiden, so daß die Zwiebel ebenfalls noch zusammenhält. Dann Scheiben schneiden, die zu Würfeln zerfallen.

Wichtig: Zwiebel erst vor dem Gebrauch würfeln, da sie schnell an Aroma verliert. Geschälte Zwiebel kurz unter fließendes, kaltes Wasser halten, das vermeidet Tränen.

Erbsen und Bohnen enthülsen

Die Schotenkante zwischen den Fingern leicht drücken, bis sie aufbricht.

Dann die Erbsen oder Bohnen einfach mit dem Daumen aus der Schale streifen. Bei Erbsen und Bohnen müssen Sie mindestens 60 % Putzverlust einkalkulieren. Von 100 g Schoten bleiben also rund 40 g Erbsen oder 20 g Bohnen.

Gemüse aushöhlen

Zum Füllen muß der innere Teil des Gemüses entfernt werden. Dabei soll so viel Rand stehen bleiben, daß das Gemüse seine Form hält und beim Garen nicht zerfällt.
Von Zwiebeln den oberen Teil als Deckel abschneiden. Dann so viele Zwiebelschichten vorsichtig herauslösen, daß 1 bis 2 Schichten stehenbleiben. Der Rand sollte mindestens 1/2 cm dick sein.
Von Tomaten ebenfalls einen Deckel abschneiden und die Frucht dann mit einem Teelöffel aushöhlen.

Die Kohlrabiknolle wird nach dem Schälen mit einem Kugelausstecher oder einem scharfkantigen Teelöffel so weit ausgehöhlt, daß mindestens ein 1/2 cm breiter Rand stehen bleibt. Zucchini und Auberginen der Länge nach durchschneiden. Das Fruchtfleisch mit einem Messer erst rautenförmig tief einschneiden, dann herausschneiden. Zucchini lassen sich auch mit einem Kugelstecher aushöhlen.

Knoblauch schneiden

Knoblauch läßt sich leichter häuten, wenn Sie die Zehe mit einem Messer mit breiter Klinge etwas andrücken. Dann die Schale abziehen und die Zehe in dünne Scheiben schneiden, fein würfeln oder durch eine spezielle Knoblauchpresse drücken.

Zuckerschoten und Bohnen fädeln

Bohnen sind heute meist fadenfrei, während die Zuckerschoten meist gefädelt werden müssen. Man schneidet die Spitze und den Stielansatz der Hülse ab und zieht dabei den Faden auf beiden Seiten mit ab.

Lauch putzen

Von der Stange zuerst den Wurzelansatz und die dunkelgrünen, dickeren Blattenden abschneiden. Zwischen den Lauchblättern sammeln sich oft Sand und Erde: Deshalb die Stange der Länge nach mit einem scharfen Messer bis knapp über das Schaftende einschneiden, dann gründlich unter fließendem kaltem Wasser waschen. Dabei die einzelnen Blätter mit den Fingern auseinanderspreizen.

Maiskörner ablösen

Frische Maiskolben kann man im Ganzen kochen oder aber die Körner vorher ablösen. Dazu alle Hüllblätter entfernen, den Maiskolben waschen und leicht schräg auf ein Brett setzen. Dann mit einem Messer die Körner von oben nach unten ablösen.

Knollen und Wurzeln schälen

Ist das Gemüse sehr schmutzig, zum Beispiel Knollensellerie oder Kartoffeln, wird es vor dem Schälen unter fließendem Wasser abgebürstet. Danach mit einem Sparschäler die Schale entfernen. Dieser Schäler hat einen Dorn oder eine speziell geformte Spitze, mit der man »Augen« entfernen kann. Bei unregelmäßiger Oberfläche, zum Beispiel dem schrumpeligen Knollensellerie, müssen Sie etwas mehr abschneiden. Das geht am besten mit einem scharfen Küchenmesser.

Artischocken putzen und zubereiten

Den Stiel direkt unter dem Blütenansatz mit einem Ruck abbrechen. So werden auch die harten Fasern aus dem Blütenboden herausgezogen.

Den Stielansatz mit einem scharfen Messer begradigen. Die kleinen, harten Blätter rund um den Stielansatz mit den Händen abzupfen. Die stacheligen Spitzen aller Blätter mit einer Küchenschere gleichmäßig stutzen. Bei festen, rundlichen Artischocken nur die obere Spitze, bei lockeren, länglichen Sorten bis zu einem Drittel der Frucht wegschneiden. Bei kleinen Artischocken, die man im Ganzen essen kann, werden die äußeren Blätter ganz abgeschnitten, bis die zarteren, hellen Innenblätter zum Vorschein kommen. Alle gestutzten Stellen mit einer Zitronenhälfte einreiben, damit sich das Fruchtfleisch nicht verfärbt.

Die Artischocken in Wasser mit Zitronensaft und Salz kochen. Sie sind gar, wenn sich ein Blatt aus der Mitte leicht herausziehen läßt. In der Regel beträgt die Garzeit 20–30 Minuten. Artischocken vor dem Servieren kopfüber abtropfen lassen. Was man beim Essen dieses Gemüses beachten muß, steht auf Seite 53 beim Rezept »Artischocken mit Sauce hollandaise«. Kleine, zarte Artischocken kann man auch braten, schmoren oder fritieren. In dem Fall werden sie der Länge nach geviertelt oder geachtelt.

Kohlrouladen vorbereiten

Die äußeren unansehnlichen Blätter vom Kohlkopf abtrennen. Den Strunk keilförmig herausschneiden. Den ganzen Kohl in reichlich kochendem Wasser einige Minuten blanchieren, dann die Blätter ablösen. Eine andere Möglichkeit: die Blätter einzeln ablösen und dann blanchieren. Vorteil dieser Methode: Das Innere des Kohlkopfes kann anderweitig verwendet werden. Die abgelösten Blätter kalt abspülen und auf der Arbeitsfläche ausbreiten.
Die dicken Blattrippen mit einem Messer flachschneiden.

Füllung portionsweise auf die Mitte der Blätter verteilen. Beim Aufrollen die Seiten der Blätter jeweils zur Mitte einschlagen, damit die Füllung nicht herausquillt. Rouladen mit Küchengarn umwickeln und dieses verknoten.

Spargel schälen

Den Spargel waschen. Von **weißem Spargel** die Stielenden, je nach Frische, 1 bis 2 cm abschneiden. Stangen von oben nach unten mit einem speziellen Spargelschäler schälen. Dabei 3 cm unter dem Kopfende beginnen. Nach unten hin etwas mehr abschälen als oben, wo die Stangen noch zarter sind.

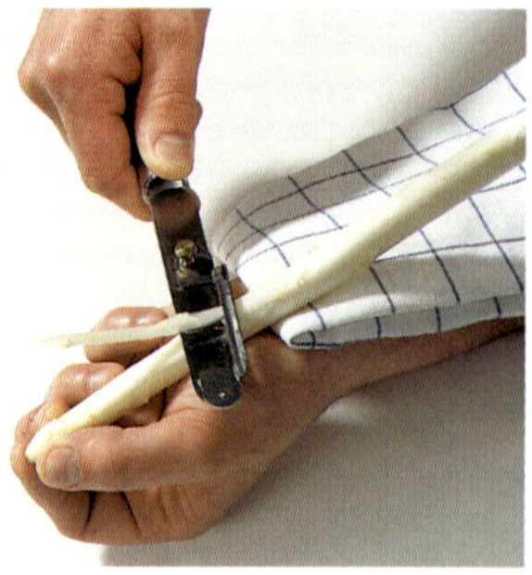

Wird der geschälte Spargel nicht sofort gekocht, sollten Sie ihn in ein feuchtes Tuch einwickeln. **Grüner Spargel** muß gar nicht oder nur am unteren Drittel geschält werden. Sie merken das, wenn Sie die Stielenden abschneiden. Sind die Stangen dort holzig, entweder noch etwas mehr abschneiden oder die Stangen am unteren Ende großzügig schälen. Zum Garen sind spezielle Spargelkochtöpfe praktisch, in denen man die Stangen im Siebeinsatz – stehend mit den Köpfen nach oben oder liegend – garen und herausheben kann.

Schwarzwurzeln schälen

Beim Vorbereiten von Schwarzwurzeln möglichst Gummihandschuhe tragen. Denn außen sind sie schmutzig und innen ist der Milchsaft, der die Hände verfärbt. Stangen unter fließendem Wasser gründlich abbürsten. Dann mit einem Sparschäler oder scharfen Messer vom Ende bis zur Spitze die Haut abschälen.

Je nach Rezept die Wurzeln in Stücke schneiden und in eine Schüssel mit Wasser legen, das mit etwas Mehl und Essig verrührt wurde. So wird verhindert, daß der beim Schneiden austretende Milchsaft oxidiert und das Wurzelfleisch braun färbt. Eine andere Möglichkeit: Wurzeln gründlich bürsten, mit der Schale kochen, danach schälen. Vorteil: Nach dem Erhitzen oxidiert der Milchsaft nicht mehr.

Sprossen ziehen

Sprossen gibt es in Reformhäusern, Natur- und Asienläden fertig zu kaufen. Man kann sie aber auch zu Hause selbst ziehen. Wichtig: Naturbelassene Samen kaufen, andere sind meist mit Chemie behandelt. Das Keimen funktioniert folgendermaßen: Die Samen quellen durch Wasseraufnahme. Die Samenschalen platzen, die Keimlinge brechen durch. Zum Wachsen brauchen sie Feuchtigkeit, Wärme und Sauerstoff. Es gibt spezielle Keimgefäße zu kaufen. Zum Beispiel eine Keimfrischbox mit Siebdeckeln oder aufeinanderstapelbare Schalen für die Anzucht verschiedenartiger Keimlinge. Gut und einfach ist die Einmachglasmethode, dafür benötigt man ein Weckglas, ein Stück grobgewebten Stoff (Gaze) und einen Gummiring. Und so ziehen Sie Ihre Sprossen: Samen in Wasser mehrere Stunden einweichen.

Mit reichlich Wasser spülen. Stoff mit dem Gummi am Glas befestigen, dieses schräg ins Spülbecken stellen damit das Wasser ablaufen kann.

Samen täglich spülen, gut abtropfen lassen, so daß keine Staunässe entsteht.

Nach 3 bis 5 Tagen sind die Sprossen fertig. Vor dem Verzehr nochmals kräftig spülen.

Schleimbildende Samen wie Kresse, Leinsamen und Senf auf einem Teller oder Tongefäß keimen lassen. Der Schleim würde die Maschen des Stoffs verkleben und das Wasser nicht mehr ablaufen lassen. Samen drei- bis viermal täglich befeuchten, am besten mit einer Wäschespritze.

Blumenkohl und Broccoli vorbereiten

Zuerst mit einem großen Messer ein Stück des Blumenkohlstrunks abschneiden, dann die grünen Hüllblätter entfernen. Wenn der Blumenkohl im Ganzen gegart wird, vorher den Strunk kreuzweise einschneiden. Sonst die einzelnen Röschen abschneiden oder -brechen. Vom Broccoli ebenfalls die Röschen abtrennen.

Die Broccolistiele müssen geschält und etwas länger gegart werden als die Röschen.

Kräuter hacken

Kräuter unter fließendem kaltem Wasser abspülen und gut trockenschwenken. Die Blättchen von den groben Stielen zupfen und auf einem Brett mit einem großen Messer oder einem Wiegemesser fein zerkleinern. Das Messer dabei mit einer Hand am Griff halten, mit der anderen die Spitze auf das Brett drücken. Zum Hacken nur den Griff auf und ab bewegen. Ausnahme: Thymianblättchen müssen nicht gehackt werden, man streift sie nur von den Stielen ab.

Tomaten häuten und entkernen

Die Tomaten gegenüber vom Stielansatz über Kreuz einritzen oder den Stielansatz keilförmig herausschneiden. Die Tomaten einige Sekunden in einen Topf mit kochendheißem Wasser legen. Herausnehmen und sofort mit kaltem Wasser abschrecken. Die Haut abziehen und die Stielansätze entfernen.

Zum Entkernen die Tomaten quer zu den Samenkernen halbieren. Eine Hälfte in die Hand nehmen und leicht zusammenquetschen, so daß die Kerne mit der gallertartigen Masse herausgedrückt werden. Diese mit einem Messer abstreifen.

Paprikaschoten putzen

Schoten waschen und die Stielansätze herausschneiden. Dabei entfernt man meist schon einen Teil der Kerne. Die Schoten dann längs halbieren und mit einem Küchenmesser die Kerne mit den Trennwänden herauslösen. Schotenhälften in Streifen schneiden. Wer Paprikaringe möchte oder die Schoten füllen will, schneidet den Stielansatz ab und löst die Trennwände und die Kerne mit einem Kugelausstecher aus dem Innern der Schote.

Paprikaschoten häuten

Gehäutete Paprikaschoten schmecken feiner und sind leichter verdaulich. Den Backofen auf höchster Stufe vorheizen. Die Schoten waschen, von den Stielansätzen befreien und der Länge nach halbieren. Trennwände und Kerne herauslösen, die Schotenhälften mit den Schnittstellen nach unten auf ein Backblech setzen. Im heißen Ofen backen, bis die Haut braun ist und Blasen wirft. Die Schoten mit einem feuchten Tuch bedecken und etwas abkühlen lassen. Dann die Haut abziehen.

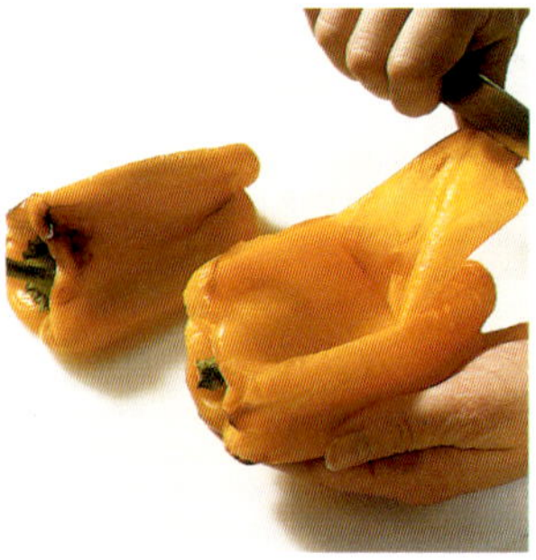

Blattgemüse waschen

Blattgemüse wird in stehendem kaltem Wasser gewaschen. Salat zuerst in die einzelnen Blätter teilen, welke Blätter wegwerfen. Blattgemüse wie Spinat verlesen, dickere Stiele entfernen. Die Blätter so oft im Wasser schwenken, bis das Wasser nicht mehr schmutzig wird, dann gut abtrocknen. Das geht am besten in der Salatschleuder. Wer keine hat, schüttelt die Blätter im Sieb trocken. Kräftige Blattgemüse wie Mangold können Sie unter fließendem Wasser abspülen und abtropfen lassen.

Mangold vorbereiten

Mangoldblätter und -stiele haben eine unterschiedlich lange Garzeit. Deshalb die grünen Blatteile von den weißen Stielen trennen. Die Stiele in Stücke schneiden und etwas vorgaren, dann die Blätter dazugeben und zusammen fertig garen.

Kürbis vorbereiten

Große Kürbisse in Spalten schneiden, kleine vierteln. Mit einem scharfkantigen Eßlöffel lassen sich die Kerne mitsamt dem faserigen Innern herausschaben. Zum Schluß die Schale streifen- oder stückweise mit einem scharfen Küchenmesser ablösen.

Zucchiniblüten vorbereiten

Zucchiniblüten sind empfindlich und erfordern eine sorgfältige Behandlung. Sie dürfen keinesfalls im Wasser liegen, sondern werden nur vorsichtig in kaltes Wasser getaucht oder mit einem weichen Pinsel gesäubert. Dann die Blütenstempel in der Mitte der Blüte vorsichtig herausschneiden.

Pilze putzen

Zuchtpilze sind in der Regel kaum verschmutzt. Sie müssen also nur die Stielenden abschneiden. Bei Austern- und Shiitake-Pilzen die ganzen Stiele entfernen, denn sie sind zäh. Geringe Erdreste auf den Pilzhüten lassen sich mit einem weichen, runden Pinsel oder Küchenpapier entfernen. Stark verschmutzte Pilze kurz unter fließendem Wasser abspülen. Pilze niemals im Wasser liegen lassen, denn sie saugen sich wie ein Schwamm voll. Waldpilze am besten schon beim Sammeln mit einem kleinen Messer säubern. Restlichen Schmutz wie oben beschrieben entfernen. Waldpilze möglichst gar nicht waschen!

Chillies putzen

Schoten waschen und Stielansätze entfernen, dann längs halbieren und Trennwände und Kerne mit einem Messer entfernen.

Soll das Gericht besonders scharf werden, verwendet man die Schoten im Ganzen und läßt Trennwände und Kerne dran, denn darin sitzt die meiste Schärfe.
Vorsicht: Die Schärfe der Schoten haftet bei Berührung sofort an den Fingern und brennt fürchterlich, wenn sie ins Auge kommt. Mit Gummihandschuhen arbeiten oder sofort die Hände gründlich waschen.

Okra vorbereiten

Nach dem Waschen den Stielansatz der Schoten knapp abschneiden oder mit einem kleinen scharfen Messer bleistiftspitzenförmig zuschneiden.

Die Frucht darf dabei keinesfalls verletzt werden, denn sonst läuft ein Teil des milchigen Schleims aus. Dieser soll erst beim Kochen abgesondert werden, denn der geschmacksneutrale Schleim ist zum Binden mancher Gerichte wichtig. Wer den Schleim nicht mag, blanchiert die Schoten vor der Zubereitung in kochendem Essigwasser. Dann kalt abschrecken und wie im Rezept beschrieben fertig zubereiten.

Gemüsescheiben und -stifte

Längliches Gemüse wie Gurken, Zucchini oder Möhren wird in zahlreichen Rezepten in Scheiben oder Stifte geschnitten. Besonders gleichmäßig und schnell geht das mit einem **Gemüsehobel**. Die meisten Hobel haben verschiedene Einsätze für dicke oder feine Scheiben oder für dicke oder feine Stifte. Wichtig: Benutzen Sie beim Hobeln auf jeden Fall den Restehalter, um Ihre Finger zu schützen.

Eine praktische Hilfe für das rasche Zerkleinern von Gemüse kann auch eine **Küchenmaschine** mit entsprechenden Einsätzen für Scheiben oder Stifte sein.
Wer weder einen Hobel noch eine Küchenmaschine mit entsprechenden Einsätzen hat, verwendet ein **scharfes Messer**. Für die Stifte schneidet man das Gemüse zunächst längs in Scheiben. Diese können dann in feine oder dickere Stifte geschnitten werden. Übrigens: die ganz feinen Stifte nennt man in der Fachsprache »Julienne«.

Gemüse in Streifen schneiden

In Streifen geschnittenes Blattgemüse wie Kohl, Spinat oder Blattsalat nennt man Gemüsechiffonade. Dazu die gewaschenen Blätter aufeinanderlegen, eng zusammenrollen und in Streifen schneiden.

Gemüserauten

Sehr dekorativ wirkt rautenförmig geschnittenes Gemüse. Hierfür das gewaschene geputzte Gemüse, zum Beispiel Paprika, zuerst in breite Streifen und dann schräg zu Rauten schneiden.

Gemüse tournieren

Tournieren heißt, das Gemüse olivenförmig zuschneiden. Hierfür die Gemüsestücke zuerst grob in die längliche Form in der gewünschten Größe schneiden. Danach werden die ovalen Stücke zu den Enden hin abgerundet. In der klassischen französische Küche sind dies sieben Schnitte.

Dämpfen

Dämpfen ist Garen über heißem Wasserdampf. Diese Garmethode ist besonders schonend, denn Nährstoffe, Aroma, Form und Farbe des Gemüses bleiben gut erhalten. Zum Dämpfen gießt man zunächst 1 bis 2 Tassen Brühe oder Wasser in einen Topf. Nach Belieben können Gewürze oder Kräuter hineingegeben werden. Das Gemüse wird in einen Siebeinsatz gelegt. Hat dieser »Füßchen«, wird er einfach in den Topf gestellt, ansonsten auf ein Gestell.

Anschließend den Deckel auflegen und die Flüssigkeit zum Kochen bringen. Das Gemüse bei mittlerer Hitze im Wasserdampf garen. Den Deckel während des Garens möglichst nicht abheben, sonst entweicht zuviel Dampf. Gemüse dämpfen kann man auch im Schnellkochtopf auf der Biogarstufe. Dämpfflüssigkeit für Suppen und Saucen verwenden. Zum Dämpfen eignen sich zum Beispiel Wirsing, Spitzkohl, Zuckerschoten, Mais oder Blumenkohl.

Kochen

Beim Kochen wird das Gemüse, ähnlich wie beim Blanchieren, in reichlich Wasser gegart, allerdings erheblich länger. Man benötigt hierfür einen großen Topf mit gut schließendem Deckel. Gekocht werden alle getrockneten Hülsenfrüchte sowie Kartoffeln, Artischocken, Spargel, Kohl wie Broccoli oder Blumenkohl und grüne Bohnen.

Beim Kochen gehen viele wertvolle Mineralstoffe und Vitamine ins Kochwasser über. Verwenden Sie dieses gegebenenfalls für Suppen und Saucen.

Blanchieren

Das Gemüse wird kurze Zeit in reichlich Salzwasser sprudelnd gekocht. Blanchiert wird Gemüse, das schnell gar ist oder wenn es danach weiterverarbeitet wird. In dem Fall wird die spätere Garzeit verkürzt. Blanchieren erhält besonders die schöne Farbe des Gemüses.
Zum Blanchieren benötigt man einen möglichst großen Topf, denn je größer die kochende Wassermenge ist, desto weniger sinkt die Temperatur, wenn das Gemüse hineingegeben wird. Nach dem Kochen wird das Gemüse sofort abgekühlt, um den Garprozeß zu beenden. Hierfür taucht man das Gemüse kurz in Eiswasser oder spült es in einem Sieb unter fließendem kaltem Wasser ab.

Zum Blanchieren eignen sich zum Beispiel Broccoli, Bohnen oder Spinat.

Dünsten

Beim Dünsten gart das Gemüse im eigenen Saft unter Zugabe von wenig Fett oder Flüssigkeit. Dünsten schont Nährstoffe und Aroma.
Das Gemüse möglichst in gleich große Stücke schneiden, damit es gleichmäßig gart. Wenig Fett in einem Topf erhitzen und das Gemüse kurz andünsten.

Besonders gut schmeckt das Gemüse, wenn man im Fett zunächst Zwiebelwürfel glasig werden läßt. Dann gibt man wenig Wasser, Brühe oder auch Tomaten dazu und gart das Gemüse zugedeckt bei schwacher Hitze.

Dünsten eignet sich vor allem für wasserhaltige Gemüsesorten wie Tomaten, Pilze, Zucchini oder Paprikaschoten. Auch Blattgemüse wie Spinat kann man dünsten, wenn es tropfnaß in den Topf gegeben wird. Das Fett hat den Vorteil, daß dadurch die fettlöslichen Vitamine des Gemüses vom Körper aufgenommen werden können.

Fritieren

Knusprig ausgebackenes Gemüse schmeckt besonders köstlich. Allerdings steigt bei dieser Zubereitungsart der Kaloriengehalt.
Das Gemüse wird in gleichmäßige Stücke geschnitten, fritiert und anschließend gewürzt. Sehr gut schmeckt es auch, wenn es vor dem Fritieren in einen Ausbackteig getaucht wird. Das Fritieren geht am unkompliziertesten in einer Friteuse. Wer keine hat, kann auch im Wok oder einem anderen großen Topf fritieren. Als Fritierfett eignet sich gehärtetes Pflanzenfett, raffiniertes Öl oder Butterschmalz. Das Fett muß auf jeden Fall richtig heiß sein, sonst saugt sich das Gemüse so richtig damit voll. Das Fett ist heiß genug, wenn an einem hölzernen Kochlöffelstiel, den man ins heiße Fett hält, reichlich Bläschen aufsteigen.

Fritiertes auf Küchenpapier abtropfen lassen, so wird es leicht entfettet. Zum Fritieren eignen sich alle Gemüsesorten.

Gratinieren

Das Gemüse wird mit Käse oder Butterflöckchen knusprig überbacken. Das zerkleinerte, rohe oder vorgegarte Gemüse in eine ofenfeste Form schichten, Sahne oder eine andere Flüssigkeit angießen. Auf dem Gemüse Käse und/oder Butterflöckchen verteilen und anschließend im heißen Ofen überbacken, bis das Gemüse gar und die Oberfläche schön braun ist.

Braten

Beim Braten wird das Gemüse in erhitztem Fett in kurzer Zeit gebräunt und gegart. Dazu das Gemüse in Scheiben schneiden. Größere Mengen stets portionsweise braten. Wenn nämlich die Pfanne zu voll ist, bildet sich Saft, und aus dem Braten wird Dünsten, das Gemüse wird also nicht mehr knusprig. Zum Braten eignen sich zum Beispiel Zucchini, Auberginen, Paprika oder Pilze. Paniertes Gemüse, wie zum Beispiel Sellerie- oder Kohlrabischeiben wird ebenfalls gebraten, vor dem Panieren jedoch kurz blanchiert.

Sautieren und Pfannenrühren

Das Gemüse wird in heißem Fett unter ständigem Rühren bei starker Hitze geschwenkt. Dabei bleibt es wunderbar saftig. Das Gemüse muß möglichst fein geschnitten sein, damit es in der kurzen Garzeit bißfest wird. Außerdem muß es sehr gut abgetrocknet werden, bevor es in den Wok oder die Sauteuse kommt, sonst spritzt es. Am besten tupfen Sie das Gemüse mit Küchenpapier trocken. Pfannenrühren eignet sich für alle Gemüsesorten. Gemüse mit längerer Garzeit, zum Beispiel grüne Bohnen oder Rosenkohl vorher kurz blanchieren.

Schmoren

Diese Methode ist eine Verbindung von Braten und Dünsten: Das Gemüse zuerst in Fett gut anbraten.

Danach wenig Flüssigkeit wie z. B. Brühe, Wein oder Wasser dazugeben und das Gemüse zugedeckt fertiggaren.

Schmoren eignet sich für Gerichte mit längerer Garzeit, zum Beispiel für Kohlrouladen.

VORSPEISEN

Zutaten für 4–6 Personen:

500 g grüner Spargel
500 g junge Möhren
Salz
1 TL Butter · 1 Ei
5 EL Weißweinessig
2 TL scharfer Senf
schwarzer Pfeffer
8 EL Olivenöl
2 Handvoll frisch gehackter Kerbel
1 EL geröstete Mandelblättchen (nach Belieben)

Zubereitungszeit: 30 Min. (+ 2–3 Std. Marinierzeit)
Bei 6 Personen pro Portion etwa: 1100 kJ / 260 kcal
6 g EW / 21 g F / 11 g KH

Läßt sich gut vorbereiten

Marinierter grüner Spargel mit Möhren

Spargel waschen, die holzigen Enden abschneiden. Möhren putzen und schälen. 2 l Wasser mit 2 TL Salz und Butter aufkochen. Gemüse darin in 8–12 Min. bei mittlerer Hitze bißfest garen und abtropfen lassen. Das Ei in 8–10 Min. hart kochen und kalt abschrecken.

Essig, Senf, Salz und Pfeffer mit dem Öl und 4–5 EL Gemüsekochwasser verquirlen. Kerbel hinzufügen. Die Marinade über das Gemüse gießen und dieses zugedeckt 2–3 Std. marinieren.

Dann das Ei schälen, klein hacken und darüber streuen. Das Gemüse nach Belieben mit den Mandelblättchen garnieren.

Staudensellerie im Aprikosensud

Den Sellerie waschen, putzen und in etwa 5 cm lange Stücke schneiden, etwas Selleriegrün hacken. Die Aprikosen in feine Streifen schneiden. Die Zitrone waschen und die Schale abreiben. Den Saft auspressen.

Wein, 1/4 l Wasser, 1 TL Salz und die Zitronenschale aufkochen. Selleriestücke und Aprikosenstreifen darin bei schwacher Hitze 10–15 Min. köcheln lassen, herausheben.

50 ml Gemüsesud mit 3 EL Zitronensaft, Salz, Pfeffer und Öl verrühren, über das Gemüse gießen. Das Selleriegrün darüber streuen. Das Gemüse lauwarm oder kalt servieren.

Zutaten für 4–6 Personen:

600 g Staudensellerie
60 g getrocknete Aprikosen
1 unbehandelte Zitrone
1/4 l trockener Weißwein (ersatzweise kräftige Gemüsebrühe)
Salz · schwarzer Pfeffer
3 EL Öl

Zubereitungszeit: 30 Min.
Bei 6 Personen pro Portion etwa: 435 kJ / 100 kcal
2 g EW / 4 g F / 8 g KH

Gelingt leicht

Marinierter Spargel mit Meerbarbenfilet

Zutaten für 4 Personen:
1 kg grüner oder weißer Spargel
Salz
1/2 TL Zucker
1 TL Butter
1 EL Zitronensaft
knapp 1 EL Sherryessig
weißer Pfeffer
5 EL Haselnußöl
2 EL frisch gehackter Kerbel
8 kleine Meerbarbenfilets mit Haut (etwa 500 g)
1 TL Olivenöl
1 Kerbelsträußchen

Zubereitungszeit: 40 Min.
(+ 2 Std. Marinierzeit)
Pro Portion etwa:
920 kJ / 220 kcal
21 g EW / 13 g F / 5 g KH

Für Gäste

Die Spargelstangen waschen und die holzigen Enden abschneiden. Den weißen Spargel schälen. Die Spargelspitzen etwa 6 cm lang abschneiden. Den Rest der Stangen in etwa 3 cm lange Stücke schneiden. Salzwasser mit 1 Prise Zucker und der Butter aufkochen. Den Spargel (ohne die Spitzen) hineingeben und 8–10 Min. bei mittlerer Hitze kochen. Den Spargel herausnehmen, den Sud wieder aufkochen und die Spargelspitzen 3–4 Min. darin kochen.

Den Zitronensaft mit dem Essig, 1 Prise Zucker, etwas Salz und Pfeffer, dem Nußöl und 1 EL Kerbel mischen. Den Spargel (ohne die Spitzen) dazugeben und etwa 2 Std. marinieren.

Die Meerbarbenfilets kurz vor dem Essen salzen, pfeffern und mit dem Olivenöl bestreichen. In einer beschichteten Pfanne mit der Hautseite nach unten bei mittlerer Hitze 2–3 Min. braten.

Den marinierten Spargel mit dem restlichen Kerbel bestreuen, die Meerbarbenfilets darauf legen und alles mit den Spargelspitzen und Kerbelsträußchen garnieren.

Das besondere Rezept!

In einem leichten Frühsommermenü kommt diese Vorspeise gut zur Geltung. Sie wird aus edlen Zutaten zubereitet und – besonders wichtig – läßt sich wunderbar vorbereiten. Der marinierte Spargel kann schon angerichtet werden, bevor die Gäste kommen. Nach dem Aperitif sind die kleinen Fischfilets schnell gebraten. Als Hauptgericht passen dazu z. B. Crespelle mit Gemüsefüllung (Seite 96), die nur rechtzeitig in den Backofen geschoben werden müssen. Danach servieren Sie ein fruchtiges Dessert aus Erdbeeren – z. B. mit Vanilleschaum. Zu diesem Menü schmeckt italienisches Weißbrot, eventuell mit Kräutern gebacken, und ein frischer Weißwein.

Zutaten für 4 Personen:

6 Paprikaschoten, gemischt
6 Sardellenfilets
3 Knoblauchzehen
Salz
Pfeffer
2 EL Olivenöl

Zubereitungszeit: 1 Std. (+ 1 Std. Marinierzeit)
Pro Portion etwa: 460 kJ / 110 kcal
6 g EW / 6 g F / 9 g KH

Läßt sich gut vorbereiten

Servieren Sie dazu einen leichten roten oder weißen Landwein.

Marinierte Paprikaschoten

Den Backofen auf 250° vorheizen. Die Paprikaschoten auf ein Backblech legen und im Backofen (Mitte, Umluft 220°) 30–35 Min. backen, bis die Haut dunkle Flecken bekommt. Die Schoten dabei ab und zu wenden, damit alle Seiten gleichmäßig gebräunt werden.

Das Blech aus dem Ofen nehmen und die Paprikaschoten mit einem feuchten Tuch leicht bedecken, bis sie etwas abgekühlt sind. Dabei darauf achten, daß der ausgelaufene Saft erhalten bleibt.

Die Paprikaschoten halbieren, häuten und putzen. Anschließend in etwa 2 1/2 cm breite Streifen schneiden und in eine flache Schüssel legen. Die Sardellen hacken und mit dem durchgepreßten Knoblauch und dem ausgelaufenen Saft über den Paprikastreifen verteilen.

Etwas Salz (Achtung: Sardellen sind bereits gesalzen) und Pfeffer über die Paprikastreifen geben. Das Olivenöl darüber gießen und alles 1 Std. marinieren. Lauwarm oder kalt servieren.

Tip: Das Gemüse nach Belieben mit gerösteten Pinienkernen bestreuen und mit Knoblauchbrot servieren.

Varianten:

Marinierte Paprikaschoten mit Oliven

Die Sardellen durch entsteinte, kleingeschnittene Oliven ersetzen und in Streifen geschnittene Basilikumblätter unter die Paprikaschoten mischen.

Marinierte Paprikaschoten und Zucchini

Etwa 300 g junge Zucchini mit dem Sparschäler längs in dünne Streifen schneiden. Mit wenig Zitronensaft beträufeln, salzen und 10 Min. ruhen lassen. Mit den geschälten roten oder gelben Paprikastreifen mischen. 2 EL Basilikum mit 2 gehackten Knoblauchzehen, 2 EL Zitronensaft und 2 EL Olivenöl mischen und über das Gemüse geben. Alles 1 Std. marinieren.

Sherry-Zwiebeln

Zutaten für 4 Personen:

- 500 g flache weiße Zwiebeln
- 6 EL Olivenöl
- 100 ml Sherry (Fino)
- 6 EL Sherryessig
- 100 ml Gemüsebrühe
- 1 getrocknete rote Chilischote
- je 1 TL Pfeffer- und Pimentkörner
- 1 Lorbeerblatt
- 1/2 TL getrockneter Thymian

Zubereitungszeit: 1 Std.
Pro Portion etwa:
700 kJ / 170 kcal
2 g EW / 12 g F / 9 g KH

Läßt sich gut vorbereiten

Die Zwiebeln schälen und in 3 EL Olivenöl bei schwacher Hitze andünsten. Den Sherry, den Essig und die Gemüsebrühe angießen.

Die Gewürze und Kräuter dazugeben und alles zugedeckt bei schwacher Hitze 45 Min. garen. Abkühlen lassen, mit dem restlichen Öl beträufeln und servieren.

Crostini mit Tomatenrelish

Zutaten für 4 Personen:

- 3 kleine feste Tomaten
- 100 g gelbe Paprikaschoten
- 1 rote Zwiebel
- 1 kleine Knoblauchzehe
- 2 TL Olivenöl
- je 2 TL frisch gehackte Petersilie und Basilikum,
- Meersalz · Pfeffer
- 1 EL Aceto balsamico (Balsamessig)
- 8 Scheiben Mehrkorn-Baguette
- 60 g schwarze Oliven
- 1 EL in Streifen geschnittenes Basilikum

Zubereitungszeit: 30 Min.
Pro Portion etwa:
630 kJ / 150 kcal
3 g EW / 8 g F / 17 g KH

Vollwertig

Die Tomaten waschen und von den Stielansätzen befreien. Den Paprika waschen, halbieren und putzen. Beides klein würfeln. Die Zwiebel und die Knoblauchzehe sehr klein würfeln.

Das Öl in einer Pfanne erhitzen und die zerkleinerten Zutaten darin bei schwacher Hitze 3 Min. dünsten. Die Kräuter untermischen, alles mit Salz, Pfeffer und Essig abschmecken und abkühlen lassen.

Die Brotscheiben im Toaster rösten und abkühlen lassen. Die Oliven mit einem spitzen Messer halbieren, entkernen und kleinschneiden.

Die Crostini mit den Olivenwürfeln bestreuen, das Tomatenrelish darauf verteilen und mit den Basilikumstreifen garnieren.

Gefüllte Zucchiniblüten

Zutaten für 4–6 Personen:

2–3 getrocknete Tongku Pilze
200 g gekühltes Hühnerbrustfilet
Salz
200 g angefrorene Sahne
weißer Pfeffer
5 EL trockener Wermut (ersatzweise 4 EL Geflügelbrühe mit 1 EL gehacktem Kerbel vermischt)
12 Zucchiniblüten
1 Schalotte
1 EL Butter
1/4 l Geflügelfond (aus dem Glas)
1 Prise Safranfäden
125 g Sahne
Butter für den Dämpfeinsatz

Zubereitungszeit: 50 Min.
Bei 6 Personen pro Portion etwa: 1070 kJ / 255 kcal
9 g EW / 23 g F / 2 g KH

Für Gäste

Die Pilze von heißem Wasser bedeckt 10 Min. quellen lassen, herausnehmen und das Einweichwasser durch eine Filtertüte gießen. Dann die Pilze im Einweichwasser bei mittlerer Hitze 20 Min. kochen, abkühlen lassen, trockentupfen und kleinschneiden.

Das Hühnerbrustfilet würfeln, salzen und im Mixer fein pürieren. Die Sahne löffelweise darunterarbeiten, die Pilze untermischen. Die Masse mit Salz, Pfeffer und 1 EL Wermut kräftig abschmecken.

Einen Dämpfeinsatz mit Butter fetten. Die Zucchiniblüten vorsichtig öffnen, den Blütenstempel entfernen (siehe auch S. 36). Die Füllung mit einem Spritzbeutel oder Teelöffel in die Blüten geben, die Zucchiniblüten oben leicht zudrehen und in den Dämpfeinsatz legen. Wenn nicht alle nebeneinander Platz finden, können Sie sie auch aufeinanderlegen.

Die Schalotte fein würfeln und in der Butter bei schwacher Hitze glasig dünsten. Mit dem restlichen Wermut und dem Geflügelfond ablöschen. Den Safran zwischen den Fingern zerreiben, mit der Sahne verrühren, hinzufügen und alles bei mittlerer Hitze kochen lassen, bis die Sauce leicht gebunden ist.

Inzwischen den Dämpfeinsatz auf einen passenden Topf mit kochendem Wasser setzen. Die Blüten zugedeckt 10–12 Min. bei starker Hitze über dem Dampf garen.

Die Sauce mit Salz und Pfeffer abschmecken. Die Zucchiniblüten mit der Sauce anrichten und sofort servieren.

Falls die Pilze dicke Stiele haben, diese vor dem Zerkleinern abschneiden, sie sind zäh.

Besonders gut läßt sich die Füllung mit einem Spritzbeutel in die zarten Blüten füllen.

Blüten am Ende vorsichtig leicht zusammendrehen, damit die Füllung nicht ausläuft.

Der Tip vom Profi

Zucchiniblüten gibt es sowohl einzeln zu kaufen als auch mit kleinen Früchten dran. Für diese Vorspeise können Sie beide nehmen, die kleinen Zucchini werden einfach der Länge nach fächerförmig aufgeschnitten, damit sie dieselbe Garzeit wie die Blüten haben. Zucchiniblüten haben von Frühsommer bis Herbst Saison, gelegentlich werden Sie auch auf Gemüsefeldern zum Selbsternten wesentlich günstiger als im Gemüsegeschäft angeboten.

Falls die Zucchiniblüten innen nicht sauber sind, reinigen Sie sie mit einem Pinsel, damit die zarten Blüten nicht verletzt werden.

Köstlich schmecken die Zucchini auch durch Backteig gezogen, fritiert und ganz frisch mit Zitronenvierteln serviert.

Als Füllung eignet sich auch gewürfelter Mozzarella mit gehackten Sardellen oder Schinken.

Radicchio mit Roquefortcreme

Zutaten für 4 Personen:

80 g Roquefort
80 g Magerquark
2 EL Sahne
1 Knoblauchzehe
2 TL Aceto balsamico (Balsamessig)
2 mittelgroße Köpfe Radicchio
2 Champignons
8 Kirschtomaten
12 Oliven

Zubereitungszeit: 20 Min.
Pro Portion etwa:
500 kJ / 120 kcal
4 g EW / 2 g F / 1 g KH

Für Gäste

Den Roquefort mit einer Gabel zerdrücken und mit dem Quark und der Sahne cremig rühren. Den Knoblauch pressen und mit dem Essig untermischen.

Radicchio putzen, durch den Strunk vierteln, waschen, trocknen und auf vier Teller geben. Die Roquefortcreme darauf verteilen. Champignons putzen, in Scheiben schneiden. Tomaten waschen und halbieren. Oliven entkernen und achteln. Den Radicchio damit garnieren.

Gemüse-Carpaccio

Zutaten für 4 Personen:

2 EL Kürbiskerne
1 Stück Salatgurke (etwa 150 g)
1 kleiner Kohlrabi
150 g zarte Möhren
5 Radieschen
1 Frühlingszwiebel
4 EL Weißweinessig
1 TL flüssiger Honig · Salz
schwarzer Pfeffer
2 EL Kürbiskernöl
5 EL Öl

Zubereitungszeit: 30 Min.
Pro Portion etwa:
800 kJ / 190 kcal
3 g EW / 17 g F / 7 g KH

Für die schlanke Linie

Kürbiskerne in einer Pfanne ohne Fett rösten, bis sie würzig duften. Herausnehmen und abkühlen lassen. Gurke, Kohlrabi und Möhren waschen, putzen und schälen. Radieschen waschen und mit Gurke, Kohlrabi und Möhren auf dem Gurkenhobel in hauchdünne Scheiben schneiden. Die Frühlingszwiebel waschen und putzen. Das Weiße und Hellgrüne in ganz feine Ringe schneiden.

Für die Marinade den Weißweinessig, Honig, Salz und Pfeffer mit dem Schneebesen gut verrühren, dann beide Ölsorten nach und nach unterschlagen.

Vier große Teller mit einem Teil der Marinade einpinseln, Gemüsescheiben dachziegelartig darauf anrichten. Mit der übrigen Marinade beträufeln. Die Frühlingszwiebelringe und die Kürbiskerne zum Schluß darüber streuen.

Dazu paßt gerösteter Toast mit Butter.

Kohlrabi frites mit Radieschensauce

Zutaten für 4 Personen:
100 g Mehl
1 Ei
1/8 l Apfelwein (ersatzweise kohlensäurehaltiges Mineralwasser)
Salz
200 g Sahnejoghurt
2 EL Zitronensaft
2–3 EL Mineralwasser
1 Bund Radieschen (etwa 100 g)
2 EL Schnittlauchröllchen
schwarzer Pfeffer
1 EL Sonnenblumenkerne
2 Kohlrabi (etwa 600 g)
1/2 l Öl oder 500 g Fritierfett

Zubereitungszeit: 45 Min.
(+ 1 Std. Ruhezeit)
Pro Portion etwa:
1900 kJ / 450 kcal
9 g EW / 32 g F / 29 g KH

Vegetarisch

Mehl mit Ei, Apfelwein und Salz zu einem glatten Teig verrühren und 1 Std. ruhen lassen.

Joghurt mit Zitronensaft und Mineralwasser glattrühren. Die Radieschen waschen, putzen und in feine Stifte hobeln. Mit dem Schnittlauch unter den Joghurt rühren und die Sauce salzen und pfeffern. Die Sonnenblumenkerne in einer Pfanne ohne Fett rösten und darüber streuen.

Die Kohlrabi putzen, schälen und in etwa 5 cm lange, fingerdicke Stifte schneiden.

Öl oder Fett erhitzen. Es ist heiß genug, wenn an einem hölzernen Kochlöffelstiel, den Sie ins heiße Fett tauchen, kleine Bläschen aufsteigen. Kohlrabi portionsweise durch den Teig ziehen und im heißen Fett in 2–3 Min. goldbraun backen. Auf Küchenpapier abtropfen lassen und mit der Sauce servieren.

Dazu paßt ein leichter, frischer Weißwein.

Zutaten für 4 Personen:

2–3 mittelgroße Zucchini (etwa 400 g)
4 EL Rapsöl oder Sonnenblumenöl
100 ml Geflügelbrühe
300 g Lachsfilet
2 TL Zitronensaft
8 kleine Dillzweige
Salz
Pfeffer
2 EL Sherryessig
1 TL scharfer Senf (Dijon)
1/2 TL Honig
2 reife Tomaten

Zubereitungszeit: 35 Min. (+ 1 Std. Marinierzeit)
Pro Portion etwa: 1100 kJ / 260 kcal
17 g EW / 19 g F / 6 g KH

Läßt sich gut vorbereiten

Zucchiniröllchen mit Tomatenvinaigrette

Die Zucchini waschen und putzen. Dann der Länge nach mit dem Sparschäler etwa 2 cm breite Streifen abziehen. Die Streifen, die nur aus Schale bestehen, wegwerfen.

1 EL Öl in einer großen Pfanne erhitzen und die Zucchinistreifen beidseitig bei mittlerer Hitze kurz anbraten. 50 ml Brühe dazugießen und die Zucchinistreifen 5 Min. bei schwacher Hitze dünsten, herausnehmen, abtropfen lassen und beiseite stellen. Die Brühe aufheben.

Das Lachsfilet in 8 dünne Scheiben schneiden. Jede Scheibe mit etwas Zitronensaft beträufeln, mit 1 Dillzweig belegen, salzen und pfeffern und der Länge nach zusammenklappen.

Die Lachsscheiben in eine Pfanne geben. Die restlichen 50 ml Brühe sowie die heiße Zucchinibrühe dazugeben und alles zugedeckt 2–3 Min. bei schwacher Hitze garen.

Die Lachsscheiben herausnehmen und mit den Zucchinistreifen umwickeln. Die Röllchen in eine flache Schüssel legen.

Die Garflüssigkeit, den Essig, den Senf, den Honig, Salz, Pfeffer und das restliche Öl zu einer Vinaigrette mischen. Stielansätze der Tomaten entfernen. Tomaten kurz überbrühen, häuten, halbieren, entkernen und sehr klein würfeln.

Die Zucchiniröllchen mit der Vinaigrette begießen und mit den Tomatenwürfeln bestreuen. 1 Std. zugedeckt marinieren.

Variante: Gemüsesalat mit Vinaigrette

Für diese schnelle Variante 750 g Broccoli putzen, in Röschen zerteilen, Stiele schälen. 500 g Tomaten überbrühen, häuten, in schmale Spalten schneiden, dabei entkernen. Broccoli in Salzwasser 5 Min. blanchieren, dann abschrecken. Eine Vinaigrette wie in Rezept links mit 50 ml Gemüsebrühe herstellen, mit dem Broccoli und den Tomaten vermischen. 2 Knoblauchzehen schälen, in Scheiben schneiden und in wenig Olivenöl hellbraun braten. 50 g Pinienkerne kurz mitbraten. Den Salat damit und mit Parmesanspänen bestreuen.

Zutaten für 4 Personen:

- 4 Fleischtomaten (etwa 1 kg)
- Salz · 1 Zucchino (etwa 175 g)
- 1 Zwiebel · 1 Knoblauchzehe
- 3 EL Olivenöl
- 1 TL Thymianblättchen
- 1–2 EL Zitronensaft
- schwarzer Pfeffer
- 50 g schwarze Oliven
- 80 g frisch geriebener Parmesan
- 4 Oliven und 4 Thymianzweige zum Garnieren
- Öl für die Form und zum Bestreichen

Zubereitungszeit: 50 Min.
Pro Portion etwa:
1000 kJ / 240 kcal
11 g EW / 17 g F / 12 g KH

Vegetarisch

Gefüllte Tomaten

Tomaten waschen und Deckel abschneiden. Die Früchte mit einem Teelöffel aushöhlen und leicht mit Salz ausstreuen. Anschließend umgedreht auf Küchenpapier abtropfen lassen.

Zucchino waschen, putzen und grob raspeln. Zwiebel und Knoblauchzehe fein würfeln und in einer Pfanne im heißen Olivenöl bei schwacher Hitze glasig dünsten. Zucchiniraspel dazugeben und 1 Min. mitdünsten. Mit Thymian, Zitronensaft, Salz und Pfeffer würzen. Vom Herd nehmen.

Oliven entsteinen und fein hacken. Oliven und Parmesan (bis auf 1 EL) unter die Zucchinimasse mischen.

Den Backofen auf 200° vorheizen. Eine feuerfeste Form fetten. Die Zucchinimasse in die Tomaten füllen, den restlichen Käse darüber streuen, Tomatendeckel aufsetzen und mit Öl bestreichen. Tomaten in die Form setzen. Im Ofen (Mitte, Umluft 175°) 20 Min. backen. Mit je 1 Olive und 1 Thymianzweig garniert servieren.

Dazu schmeckt Baguette oder geröstetes Knoblauchbrot.

Servieren Sie dazu Mineralwasser oder einen frisch gepreßten Blutorangensaft.

Marinierte Mango

Die Frühlingszwiebel waschen, putzen und mit dem Grün kleinschneiden. Die Chilihälfte waschen, längs aufschneiden, von den Kernen befreien und kleinschneiden. Beides mit 1 EL Limonensaft, der Petersilie und der Minze vermischen.

Die Mangos schälen. Das Fruchtfleisch in Würfeln vom Stein abschneiden und in die Marinade geben. Zugedeckt im Kühlschrank 15 Min. ziehen lassen.

Die Mangowürfel aus der Marinade heben. Die Marinade mit Salz, Pfeffer und dem Öl verrühren. Salatblätter waschen, trockentupfen, mit der Marinade mischen und auf vier Teller geben. Die Mangowürfel darauf verteilen.

Die Avocadohälfte vom Kern lösen, in 8 Spalten schneiden und mit dem restlichen Limonensaft beträufeln. Die marinierten Mangowürfel mit den Avocadospalten und den Minzeblättchen garnieren.

Zutaten für 4 Personen:

- 1 Frühlingszwiebel
- 1/2 frische Chilischote
- Saft von 1/2 Limone
- 1 EL frisch gehackte Petersilie
- 1 TL frisch gehackte Minze
- 2 reife Mangos
- Salz · Pfeffer
- 2 TL Öl
- einige Blätter Römischer Salat
- 1/2 kleine Avocado
- Minzeblättchen zum Garnieren

Zubereitungszeit: 30 Min.
Pro Portion etwa:
700 kJ / 170 kcal
2 g EW / 7 g F / 24 g KH

Für Gäste

Artischocken mit Sauce hollandaise

Zutaten für 4 Personen:

4 Artischocken	
1 Zitrone	
Salz	
150 g Butter	
2 Eigelb	
4 EL trockener Weißwein	
weißer Pfeffer	
1 Prise Cayennepfeffer	

Zubereitungszeit: 50 Min.
Pro Portion etwa:
1400 kJ / 330 kcal
4 g EW / 34 g F / 3 g KH

Für Gäste

Die Artischocken gründlich unter fließendem Wasser waschen, dabei das Wasser auch zwischen die Blätter fließen lassen, dann ausschütteln. Die Zitrone halbieren. Die Stiele abbrechen. Mit einem scharfen Messer die Stielreste, mit einer Schere die harten Blattspitzen abschneiden. Alle Schnittstellen sofort mit der Zitrone abreiben (siehe auch S. 34). Die Zitrone dann auspressen.

In einem großen Topf reichlich Wasser mit etwas Zitronensaft und Salz aufkochen, die Artischocken darin zugedeckt bei mittlerer Hitze 45 Min. kochen lassen. Wenn sich die Blätter leicht herausziehen lassen, sind die Artischocken gar.

15 Min. vor Ende der Garzeit für die Sauce hollandaise die Butter in einem Topf bei schwacher Hitze zerlassen, bis sich die weiße Molke absetzt. Den Topf vom Herd nehmen und die Butter 5 Min. abkühlen lassen.

Inzwischen die Eigelbe mit Weißwein, 1 EL Zitronensaft, 1 TL Salz, Pfeffer und Cayennepfeffer in eine Metallschüssel geben und im leise siedenden, nicht kochenden Wasserbad mit dem Schneebesen cremig aufschlagen.

Die Schüssel aus dem Wasserbad nehmen und die flüssige, lauwarme Butter vorsichtig ohne die Molke langsam unter die Eigelbmasse quirlen. Die Schüssel wieder ins Wasserbad setzen und die Sauce mit dem Schneebesen schlagen, bis sie bindet und cremig wird. Sofort aus dem Wasserbad nehmen, damit sie nicht ausflockt.

Die Artischocken umgedreht abtropfen lassen und auf vorgewärmten Tellern servieren, die Sauce um die Artischocken gießen.

Zum Essen die Blätter abzupfen und in die Sauce stippen. Den fleischigen Teil der Blätter mit den Zähnen abstreifen. Die innersten, strohigen Blätter entfernen, ebenso die Blütenansätze, das »Heu«. Den Boden, feinster Teil der Artischocke, mit Messer und Gabel essen.

Variante:
Artischocken mit Kräuterfond

Artischocken kochen wie oben beschrieben. 2 Tomaten kurz überbrühen, enthäuten, halbieren und entkernen, das Fruchtfleisch würfeln. 2 Schalotten und 1 Knoblauchzehe fein würfeln und in 3 EL Olivenöl bei schwacher Hitze andünsten, mit 200 ml Weißwein ablöschen. Etwas abgeriebene Zitronenschale, 3 EL Zitronensaft und 200 ml Kalbsfond (aus dem Glas) dazugeben, bei starker Hitze um ein Drittel einkochen lassen. 1 Bund gemischte Kräuter (Basilikum, Oregano, Thymian, Bohnenkraut und Estragon) waschen, Blättchen abzupfen und hacken. Mit den Tomatenwürfeln zum Fond geben, mit Salz und Pfeffer abschmecken. Lauwarm um die abgetropften Artischocken gießen.

Die Spitzen der Artischocken mit einer Küchenschere großzügig abschneiden.

Die flüssige Butter muß ganz langsam einfließen. Und: immer kräftig rühren.

Beim Essen zupft man die Blätter einzeln aus und stippt sie mit dem fleischigen Ende in die Sauce.

Der Tip vom Profi

Es gibt eine Vielzahl von Artischockensorten. Für diese Vorspeise brauchen Sie die großen kugeligen Artischocken, die meist aus Frankreich kommen. Achten Sie auf einen möglichst breiten Blütenboden. Das ist wichtig, weil er außer dem fleischigen Ende der Blätter der einzige eßbare Teil des Gemüses ist. Verwenden Sie zum Kochen keine Aluminiumtöpfe, denn darin verfärben sich die Artischocken dunkel.

Zutaten für 4 Personen:

- 500 g weißer Spargel
- 1 TL Zucker
- Salz
- 2 Eier
- 125 g Sahne
- weißer Pfeffer
- 1 unbehandelte Orange
- 2 Eigelb
- 150 ml Orangensaft
- 4 feuerfeste Förmchen von je 150 ml Inhalt
- Butter für die Förmchen

Zubereitungszeit: 1 1/4 Std.
Pro Portion etwa:
900 kJ / 210 kcal
8 g EW / 16 g F / 9 g KH

Für Gäste

Spargelflan mit Orangensabayon

Die Spargelstangen waschen und von den holzigen Enden befreien. Die Stangen schälen, in 2 l Salzwasser 15–20 Min. kochen. Den Backofen auf 150° vorheizen. Den Spargel aus dem Wasser heben. Die Spargelspitzen abschneiden und in wenig Sud beiseite stellen. Die Stangen kleinschneiden und mit 1–2 EL Sud pürieren.

Die Eier mit dem Spargelpüree und der Sahne mischen. Kräftig salzen und pfeffern. Vier feuerfeste Förmchen fetten und die Masse einfüllen.

Die Formen in die Fettpfanne des Backofens stellen und seitlich fingerhoch heißes Wasser angießen. Die Flans im Ofen (Mitte, Umluft 130°) 35–40 Min. garen. Die Orange waschen und mit dem Zestenreißer Schalenstreifen abziehen.

Für die Sauce 10 Min. vor Ende der Garzeit die Eigelbe mit dem Orangensaft in eine Metallschüssel geben und im siedenden, nicht kochenden Wasserbad mit dem Schneebesen dick und schaumig schlagen. Mit Salz und Pfeffer abschmecken. Die Spargelspitzen im Sud erwärmen.

Die Flans mit einem Messer vom Rand der Förmchen lösen und auf Teller stürzen. Mit dem Sabayon umgießen, die Spargelspitzen um die Flans legen und die Orangenschale darüber streuen.

Variante:
Spargelflan mit Weißwein-Sahne-Sauce

1 Schalotte klein würfeln und bei schwacher Hitze in 1 EL Butter andünsten. Mit 1/8 l trockenem Weißwein ablöschen, diesen auf die Hälfte einkochen lassen, 6 EL Sahne dazugeben und alles sämig werden lassen. Mit 1 EL gehacktem Kerbel mischen und abschmecken. Die Flans mit dieser Sauce umgießen und servieren.

Zutaten für 4 Personen:

400 g Petersilienwurzeln
1 EL Butter
75 ml kräftige Gemüsebrühe
1 Bund Petersilie
1 TL abgeriebene Schale und 1 EL Saft von 1 unbehandelten Zitrone
50 g Crème fraîche
2 Eier
Salz · Pfeffer
Piment
Cayennepfeffer
150 g vollreife Tomaten
1 TL Speisestärke
200 g Sahne
50 g Edelpilzkäse (z. B. Bavaria Blu oder Gorgonzola)
1 Prise Muskatblüte (ersatzweise Muskatnuß)
4 feuerfeste Förmchen von je 150 ml Inhalt
Butter für die Förmchen

Zubereitungszeit: 1 1/4 Std.
Pro Portion etwa:
1600 kJ / 380 kcal
10 g EW / 34 g F / 9 g KH

Vegetarisch

Petersilienflan mit Käsesauce

Die Petersilienwurzeln waschen, schälen und in fingerdicke Würfel schneiden. Die Butter erhitzen und die Petersilienwurzeln bei schwacher Hitze darin andünsten. Die Brühe angießen und die Petersilienwurzeln zugedeckt bei schwacher Hitze in 15 Min. weich dünsten.

Den Backofen auf 175° vorheizen. Die Petersilie waschen und hacken. Petersilienwurzeln mit 2 EL gehackter Petersilie, Zitronenschale und -saft sowie der Crème fraîche im Mixer pürieren. Die Eier unterrühren. Mit Salz, Pfeffer, Piment und Cayennepfeffer pikant würzen. Die Förmchen fetten und die Masse einfüllen. Die Förmchen in die Fettpfanne des Backofens stellen und seitlich heißes Wasser angießen. Die Flans im Ofen (Mitte, Umluft 160°) 40 – 45 Min. garen.

Währenddessen von den Tomaten die Stielansätze entfernen. Tomaten kurz überbrühen, häuten, halbieren und entkernen, Fruchtfleisch würfeln. Die Speisestärke in etwas kaltem Wasser anrühren, mit der Sahne in einen Topf geben und aufkochen. Den Käse würfeln, in der Sahne bei schwacher Hitze schmelzen lassen, mit Salz, Pfeffer und Muskat würzen. Tomatenwürfel unterrühren.

Petersilienflans aus dem Ofen nehmen, mit einem Messer vom Rand der Förmchen lösen und auf Teller stürzen. Mit der Käsesauce umgießen und mit der restlichen Petersilie garnieren.

Variante

Möhren- oder Kohlrabiflan

Auf die gleiche Weise Flans aus 400 g Möhren oder Kohlrabi zubereiten. Beide schmecken mild, deshalb für die Sauce einen würzigen geriebenen Hartkäse (Greyerzer) nehmen und die Tomaten weglassen. Die Flans stürzen, mit der Sauce umgießen und mit Gänseblümchenblüten garnieren.

Zutaten für 4 Personen:

1 kleine rote Zwiebel
2 TL Olivenöl
400 g enthülste dicke Bohnen (etwa 1,6 kg mit Hülsen)
1/8 l Gemüsebrühe
1 Prise gemahlener Kümmel
1 TL frisch gehackte Minze
1 EL frisch gehackte Petersilie
Meersalz · 2 TL Zitronensaft
100 g junger, milder Pecorino
Minzeblättchen zum Dekorieren

Zubereitungszeit: 20 Min.
Pro Portion etwa:
1800 kJ / 430 kcal
24 g EW / 4 g F / 50 g KH

Vollwertig

Dicke Bohnen mit Pecorino

Die Zwiebel würfeln. Das Öl erhitzen und die Zwiebel darin mit den dicken Bohnen 2 Min. bei schwacher Hitze andünsten, Brühe und Kümmel dazugeben, aufkochen lassen. Zugedeckt 15 Min. bei mittlerer Hitze garen. Dann die Brühe einkochen lassen und die Bohnen mit den Kräutern vermischen. Mit Salz und Zitronensaft abschmecken.

Die Bohnen auf vier vorgewärmte Teller verteilen, den Käse in dünne Scheiben schneiden, daraufgeben und alles mit Minze dekorieren.

Tip: Wer möchte, kann Gemüse und Käse kurz unter den heißen Grill schieben.

Gebratener Fenchel und Radicchio

Den Radicchio und die Fenchelknollen waschen, Außenblätter entfernen, den Strunkansatz keilförmig herausschneiden. Das Fenchelgrün abschneiden und fein hacken. Das Gemüse durch den Strunk achteln.

In einer großen Pfanne 2 EL Olivenöl erhitzen. Zuerst den Fenchel etwa 10 Min. braten. Den Radicchio dazugeben und beides weitere 5 Min. bei mittlerer Hitze hellbraun braten. Salzen, pfeffern und anrichten. Der Fenchel soll noch bißfest sein.

Den Essig, etwas Salz, Pfeffer und Zucker mit dem restlichen Öl verrühren und über das Gemüse träufeln. Das Fenchelgrün darüber streuen. Das Gemüse mit Zitronenachteln garnieren und servieren.

Zutaten für 4 Personen:

2 Köpfe Radicchio (etwa 500 g)
2 Fenchelknollen (etwa 500 g)
6 EL Olivenöl
Salz · Pfeffer
3–4 EL Aceto balsamico (Balsamessig)
1 TL Zucker · 1 Zitrone

Zubereitungszeit: 30 Min.
Pro Portion etwa:
740 kJ / 180 kcal
4 g EW / 12 g F / 4 g KH

Vegetarisch

Sellerie-Püfferchen mit Apfelschmand

Zutaten für 4 Personen:

1/2 unbehandelte Zitrone
200 g Schmand
1 kleiner Apfel (etwa 100 g)
1 Frühlingszwiebel
Salz · schwarzer Pfeffer
1/2 TL Currypulver
400 g Knollensellerie
1 Kartoffel (etwa 100 g)
60 g Walnußkerne
2 Eier
3 EL Mehl
50 g Butterschmalz

Zubereitungszeit: 45 Min.
Pro Portion etwa:
1800 kJ / 430 kcal
9 g EW / 37 g F / 17 g KH

Preiswert

Die Zitronenhälfte waschen, die Schale abreiben, den Saft auspressen. Den Schmand mit 2 EL Zitronensaft cremig rühren. Den Apfel schälen, vom Kerngehäuse befreien und raspeln. Die Frühlingszwiebel waschen, putzen und in feine Ringe schneiden. Den Apfel und die Frühlingszwiebel unter den Schmand mischen. Die Sauce mit Salz, Pfeffer und Currypulver würzen.

Den Knollensellerie schälen und grob raspeln. Die Kartoffel schälen und fein reiben. Die Walnüsse grob hacken. Sellerie, Kartoffel und Walnüsse mit Eiern, Mehl, Salz, Pfeffer und der abgeriebenen Zitronenschale mischen.

In einer Pfanne jeweils 1 EL Butterschmalz erhitzen, eßlöffelweise Teig hineingeben und etwas flachdrücken. Die Sellerie-Püfferchen von jeder Seite in 3 Min. bei mittlerer Hitze goldbraun braten. Mit dem Apfelschmand servieren.

Variante:
Gemüse-Püfferchen

Statt Sellerie können Sie auch 300 g geraspelte Möhren, Kohlrabi oder Zucchini zum Teig geben, oder – ganz raffiniert – eine Mischung aller drei Gemüsesorten verwenden.

Der Tip vom Profi

Damit alle gleichzeitig essen können: Die fertigen Püfferchen auf einen Teller stapeln und im Backofen bei 100° (Umluft 75°) warm halten, bis alle gebraten sind. Dann aus dem Ofen nehmen und mit dem Apfelschmand servieren.
Sie können die Püfferchen auch vorbereiten und vor dem Essen erwärmen. Einfach auf dem Backblech ausbreiten und bei starker Hitze im Ofen wieder kroß werden lassen.

Zutaten für 4 Personen:

- 800 g kleine Zucchini
- 3 Knoblauchzehen
- 75 ml Gemüsebrühe
- 4 EL Sesamsamen
- 1/2 TL schwarze Pfefferkörner
- 1/2 TL Koriander
- 1/2 TL Kreuzkümmel
- 1 Kardamomkapsel (nur die Kerne)
- 1 Gewürznelke
- 1 TL Salz
- 3 EL Olivenöl
- 3 EL Zitronensaft
- 2 EL frisch gehackte Petersilie

Zubereitungszeit: 30 Min.
Pro Portion etwa:
630 kJ / 150 kcal
5 g EW / 12 g F / 6 g KH

Schnell

Zucchini-Sesam-Creme

Die Zucchini waschen, schälen und klein würfeln. Die Knoblauchzehen fein hacken. Beides in der Brühe zugedeckt 10–15 Min. bei mittlerer Hitze garen.

Inzwischen die Sesamsamen in einer Pfanne ohne Fett bei mittlerer Hitze hellbraun rösten, abkühlen lassen. Erst die Gewürze, dann die Sesamsamen mit etwas Salz im Mörser zerstampfen.

Die Zucchiniwürfel mit einem Kartoffelstampfer zerdrücken, noch 5 Min. bei mittlerer Hitze unter Rühren kochen, bis die Flüssigkeit verdampft ist. Die Sesam-Gewürz-Mischung, das Olivenöl und den Zitronensaft unterrühren, abschmecken. In ein Schälchen füllen und mit Petersilie bestreuen.

Dazu Fladenbrot servieren.

Humus mit Zitrone

Die Kichererbsen 6–12 Std. einweichen. Dann, von Wasser bedeckt, 40 Min. bei mittlerer Hitze garen, abgießen und die Garflüssigkeit auffangen.

Die Knoblauchzehen pressen, mit den Kichererbsen und dem Öl mit dem Pürierstab zu einem cremigen Dip verarbeiten. Bei Bedarf Garflüssigkeit dazugeben. Mit Petersilie, Salz und Zitronensaft mischen.

Tip: Im Handumdrehen zubereitet ist die Creme, wenn Sie gegarte Kichererbsen aus der Dose nehmen. Sie brauchen etwa 250 g.
Dazu passen gegrillte Paprikastreifen und Pinienkerne.

Zutaten für 4 Personen:

- 125 g getrocknete Kichererbsen
- 1–2 Knoblauchzehen
- 2 EL Olivenöl
- 1 EL frisch gehackte Petersilie
- Salz · 3 EL Zitronensaft

Zubereitungszeit: 45 Min.
(+ 6 – 12 Std. Quellzeit)
Pro Portion etwa:
530 kJ / 130 kcal
7 g EW / 5 g F / 14 g KH

Läßt sich gut vorbereiten

Zutaten für 4 Personen:

- **1 reife Tomate**
- **1 Frühlingszwiebel**
- **1 grüne Chilischote**
- **1 TL frisch gehackte Petersilie**
- **1 TL Zitronensaft**
- **1/2 TL Olivenöl**
- **Meersalz · Pfeffer**
- **100 g Tortilla-Chips**
- **1 reife Avocado**

Zubereitungszeit: 20 Min.
Pro Portion etwa:
100 kJ / 260 kcal
3 g EW / 13 g F / 1 g KH

Vollwertig

Guacamole mit Tortilla-Chips

Den Backofen auf 180° vorheizen. Die Tomate waschen und in kleine Würfel schneiden. Die Frühlingszwiebel waschen und mit dem Grün kleinschneiden. Die Chilischote waschen, entkernen und sehr klein schneiden. Die kleingeschnittenen Zutaten mit der Petersilie, dem Zitronensaft, dem Öl, Salz und Pfeffer vermischen und kalt stellen.

Die Tortilla-Chips im Ofen (Mitte, Umluft 160°) 3 Min. erwärmen.

Die Avocado längs halbieren und das Fruchtfleisch auslösen. Die Hälfte der Avocado mit einer Gabel zermusen, die andere Hälfte in kleine Würfel schneiden. Beides mit den kaltgestellten Zutaten locker vermischen, abschmecken und mit den warmen Tortilla-Chips servieren.

Tip: Schön sieht es aus, wenn Sie die Guacamole auf einem Salatbett anrichten und mit schwarzen Oliven und Chilischoten garnieren.

Servieren Sie dazu Mineralwasser oder Grapefruit-Orangensaft.

Skordallia mit roter Bete

Die Kartoffeln und die rote Bete mit den Blättern waschen. Alles getrennt voneinander in Salzwasser kochen. Die Blätter 10 Min., Kartoffeln und rote Bete 15–20 Min. garen (die rote Bete soll noch Biß haben), abgießen.

Den Essig mit Salz, Pfeffer und 1 EL Öl vermischen. Einen Teil davon unter die Blätter mischen und diese auf vier Teller verteilen. Die rote Bete schälen, halbieren und in Scheiben schneiden. Die Tomate waschen, vom Stielansatz befreien, achteln, mit der roten Bete und den Kräutern mischen, salzen, pfeffern und auf die Teller geben. Mit der restlichen Vinaigrette begießen.

Die Kartoffeln schälen und durch die Kartoffelpresse drücken. Den Knoblauch hacken und mit den Pinienkernen im Mörser zerstoßen. Dann mit den Kartoffeln verrühren. Tropfenweise 1 EL Öl, den Zitronensaft und eventuell etwas Wasser unterrühren. Mit Salz und Pfeffer würzen, in vier Schälchen füllen und mit der roten Bete und den Zitronenspalten servieren.

Zutaten für 4 Personen:

- **250 g mehligkochende Kartoffeln**
- **1 rote Bete (etwa 150 g), möglichst mit Blättern · Meersalz**
- **2 TL Aceto balsamico (Balsamessig)**
- **Pfeffer · 2 EL Olivenöl**
- **1 vollreife Tomate**
- **1 EL frisch gehackte gemischte Kräuter (Thymian, Petersilie, Schnittlauch)**
- **2 Knoblauchzehen**
- **50 g Pinienkerne**
- **2 TL Zitronensaft**
- **4 Zitronenspalten**

Zubereitungszeit: 50 Min.
Pro Portion etwa:
790 kJ / 190 kcal
4 g EW / 12 g F / 17 g KH

Vollwertig

Zutaten für 4 Personen:

400 g kleine, festkochende Kartoffeln
200 g Kohlrabi
150 g zarte Möhren
4 EL Olivenöl
1 kleine Zwiebel
100 g Zuckerschoten
Salz
schwarzer Pfeffer
4 große Eier
2 EL frisch gehackte Petersilie

Zubereitungszeit: 1 Std.
Pro Portion etwa:
1100 kJ / 260 kcal
10 g EW / 14 g F / 18 g KH

Vegetarisch

Frühlingsgemüse-Tortilla

Kartoffeln, Kohlrabi und Möhren waschen, schälen und in dünne Scheiben schneiden. In einer Pfanne 2 EL Öl erhitzen. Die Kartoffelscheiben darin unter Wenden bei mittlerer Hitze 10 Min. braten.

Inzwischen Zwiebel würfeln. Zuckerschoten waschen und putzen. Beides mit dem übrigen Öl, Kohlrabi und Möhren zu den Kartoffeln geben und alles noch 10 Min. bei mittlerer Hitze weiterbraten. Salzen und pfeffern.

Eier, Petersilie, Salz und Pfeffer verquirlen. Über das gebratene Gemüse gießen und zugedeckt bei schwacher Hitze stocken lassen, bis die Unterseite goldbraun ist. Die Tortilla auf einen Teller stürzen, wieder in die Pfanne gleiten lassen und auf der zweiten Seite ebenfalls goldbraun backen. Die gebackene Tortilla auf einen großen Teller stürzen, in Stücke schneiden und servieren.

Tip: Sie können die Tortilla auch in Würfel schneiden, kleine Spießchen hineinstecken und auf Salatblättern anrichten – ein hübscher Blickfang auf dem kalten Buffet.

Variante:
Herzhaft-deftige Tortilla

Die Tortilla, den üppigen spanischen Nationalpfannkuchen, können Sie vielfältig variieren. Herzhaft-deftig wird sie mit je 150 g gewürfelten roten und grünen Paprikaschoten und 150 g Knoblauchwurstscheiben (zum Beispiel Chorizo oder Cabanossi). Statt der Frühlingsgemüse nehmen Sie feingehackten Knoblauch und Majoran statt Petersilie.

Dazu schmeckt ein herzhafter, trockener Weißwein, aber auch ein kräftiger Rosé aus Frankreich.

Gefüllte Champignons

Zutaten für 4 Personen:

250 g große Champignons
2 Knoblauchzehen
200 g Schweinemett
1 Frühlingszwiebel
1 TL Paprika, edelsüß
je 1/2 TL gemahlene Muskatblüte, Zimtpulver und schwarzer Pfeffer
1 TL abgeriebene Schale von 1 unbehandelten Zitrone
1 Lorbeerblatt · 1 TL Salz
1/2 TL Korianderkörner
1 Gewürznelke
1 Kardamomkapsel (nur die Kerne)
2 EL Sahne
Olivenöl zum Bestreichen und für das Blech

Zubereitungszeit: 1 Std.
Pro Portion etwa:
830 kJ / 200 kcal
11 g EW / 17 g F / 1 g KH

Preiswert

Die Champignons putzen, die Stiele herausdrehen und die Hälfte der Stiele fein hacken. Den Backofen auf 250° vorheizen.

Den Knoblauch zum Schweinemett pressen. Die Frühlingszwiebel waschen, putzen und fein hacken. Mit den gehackten Pilzstielen, den gemahlenen Gewürzen und der Zitronenschale unters Mett mischen. Das Lorbeerblatt mit Salz, Koriander, Nelke und Kardamomkernen im Mörser zerreiben. Mit der Sahne zum Mett geben, alles verkneten.

Ein Blech einölen. Das Mett in die Pilze streichen. Diese auf das Blech setzen, mit Öl bestreichen und im Ofen (Mitte, Umluft 220°) 7–12 Min. garen.

Auberginen-Tomaten-Türmchen

Zutaten für 6 Personen:

500 g Tomaten · 250 g Mozzarella
2 Auberginen (etwa 500 g)
3–4 EL Mehl
8–9 EL Öl · Salz
schwarzer Pfeffer
Basilikumblättchen zum Garnieren
Öl für das Blech

Zubereitungszeit: 45 Min.
Pro Portion etwa:
880 kJ / 210 kcal
10 g EW / 15 g F / 10 g KH

Für Gäste

Tomaten waschen, von den Stielansätzen befreien und mit dem Mozzarella in Scheiben schneiden. Ein Blech einölen. Den Backofen auf 250° vorheizen.

Auberginen waschen, putzen, in fingerdicke Scheiben schneiden und in Mehl wenden. In heißem Öl von jeder Seite 2–3 Min. bei mittlerer Hitze braten, auf Küchenpapier abtropfen lassen, salzen und pfeffern. Auf das Blech legen und mit je 1 Tomaten- und Mozzarellascheibe belegen.

Die Türmchen 15 Min. (Mitte, Umluft 220°) überbacken. Mit Basilikum garniert servieren.

SALATE

Zutaten für 4–6 Personen:

- 1 EL Aceto balsamico (Balsamessig)
- Meersalz
- Pfeffer
- 2 EL Olivenöl
- 1 Knoblauchzehe
- 1 EL frisch gehackte Petersilie
- 4 EL frisch gehacktes Basilikum
- 3 reife Tomaten
- 200 g Zuckerschoten
- 500 g (Vollkorn-)Muschelnudeln
- 200 g Broccoli
- 200 g enthülste grüne Erbsen (etwa 600 g mit Hülsen)
- 200 g Kirschtomaten
- 30 g Parmesan

Zubereitungszeit: 30 Min.
Bei 6 Personen pro Portion etwa:
1900 kJ / 450 kcal
23 g EW / 7 g F / 76 g KH

Vollwertig

Warmer Gemüse-Nudel-Salat

Den Essig mit Salz und Pfeffer vermischen, das Öl unterrühren. Die Knoblauchzehe pressen und mit der Petersilie und dem Basilikum dazugeben. Die Tomaten waschen, von den Stielansätzen befreien, in kleine Würfel schneiden und mit der Sauce vermischen.

Die Zuckerschoten waschen und in fingerbreite Rauten schneiden. Die Nudeln in reichlich Salzwasser 8–12 Min. garen; dann abgießen. Gleichzeitig 2 l Salzwasser zum Kochen bringen. Vom Broccoli die Röschen abtrennen, den Strunk schälen und kleinschneiden. Beides im Salzwasser 5 Min. kochen. Die Zuckerschoten 2 Min., die Erbsen 1 Min. mitgaren. Das Gemüse abtropfen lassen.

Die Nudeln in eine Schüssel füllen, mit der Sauce vermischen und mit Salz und Pfeffer abschmecken. Die Kirschtomaten waschen und halbieren. Mit dem Gemüse auf die Nudeln geben und vorsichtig unterheben. Den Parmesan über den Salat hobeln.

Variante:
Nudelsalat mit gegrilltem Gemüse

Dafür 1 Aubergine in Scheiben schneiden und auf dem mit Öl bepinselten Rost pro Seite 3 Min. grillen. Danach salzen, pfeffern und mit Rosmarin bestreuen. Je 1 gelbe, rote und grüne Paprika waschen, halbieren und putzen. Dann in Stücke schneiden und mit der Haut nach unten auf dem Rost 2 Min. grillen. Das Fruchtfleisch salzen, pfeffern, mit Öl beträufeln, mit Rosmarin bestreuen und auf die Nudeln geben. Zum Schluß ohne Fett in der Pfanne geröstete Pinienkerne mit dem Parmesan über das Gericht geben.

Zum Nudelsalat schmeckt Mineralwasser oder gekühlter Eistee besonders gut.

Kartoffel-Romanesco-Salat

Zutaten für 4 Personen:

1 kg längliche festkochende Kartoffeln
Meersalz
2 EL Zitronensaft
1 Lorbeerblatt
1 Knoblauchzehe
2 EL Olivenöl
2 TL frisch gehackter Rosmarin
je 1 gelbe und rote Paprikaschote
Pfeffer
400 g Romanescoröschen (ersatzweise Blumenkohlröschen)
1 EL Aceto balsamico (Balsamessig)
2 getrocknete in Öl eingelegte Tomaten
8 schwarze Oliven
Backpapier für das Blech

Zubereitungszeit: 40 Min.
Pro Portion etwa:
1100 kJ / 260 kcal
9 g EW / 7 g F / 43 g KH

Vollwertig

Den Backofen auf 200° vorheizen. Die Kartoffeln bürsten, waschen und ungeschält in daumendicke Scheiben schneiden. Dann, knapp von Salzwasser bedeckt, mit der Hälfte des Zitronensaftes und dem Lorbeerblatt bei mittlerer Hitze zugedeckt in 5–8 Min. bißfest garen. Das Wasser abgießen und das Lorbeerblatt entfernen.

Den Knoblauch pressen und mit dem Öl und dem Rosmarin vermischen. Die Paprikaschoten waschen, halbieren und putzen, dann in etwa 3 cm große Stücke schneiden und zum Öl geben.

Alles mit den Kartoffeln mischen, auf ein mit Backpapier ausgelegtes Backblech geben, kräftig salzen und pfeffern und im Ofen (oben, Umluft 180°) 15 Min. bräunen. Dann in eine Schüssel füllen.

Inzwischen die Romanescoröschen waschen und in drei Portionen jeweils 3 Min. in Salzwasser blanchieren, kalt abschrecken und abtropfen lassen. Zu dem gebackenen Gemüse geben.

Die Gemüse-Kartoffel-Mischung mit dem Essig und dem restlichen Zitronensaft, Salz und Pfeffer abschmecken. Die Tomaten in Streifen schneiden, die Oliven entkernen und hacken. Beides über den Salat geben.

Bieten Sie Ihren Gästen als Getränk dazu ein Glas Weißwein oder Rosé an.

Zutaten für 4 Personen:

1/2 Rotkohl (etwa 350 g)
2 dünne Stangen Lauch · Salz
3 reife Birnen
2 EL Zitronensaft
1 kleine Zwiebel
200 g saure Sahne
weißer Pfeffer
1 TL Zucker
1/2 TL gemahlener Piment
2 EL Rotweinessig
1/2 Bund Petersilie

Zubereitungszeit: 30 Min.
Pro Portion etwa:
730 kJ / 170 kcal
5 g EW / 6 g F / 25 g KH

Preiswert

Magdeburger Salat

Den Rotkohl putzen, hobeln und in einer Schüssel mit kochendem Wasser übergießen. 5 Min. ziehen lassen, in ein Sieb abgießen und abtropfen lassen.

Den Lauch putzen, waschen und schräg in etwa 2 cm dicke Scheiben schneiden. In kochendem Salzwasser 5 Min. blanchieren, in ein Sieb schütten, kalt abschrecken, abtropfen lassen.

Die Birnen schälen, vierteln, von den Kerngehäusen befreien und in Scheiben schneiden. Mit dem Zitronensaft beträufeln. Mit dem Gemüse in einer Schüssel mischen.

Zwiebel sehr fein würfeln, mit der sauren Sahne, Salz, Pfeffer, Zucker, Piment und Essig mischen. Die Petersilie waschen, fein hacken, unterrühren. Die Sauce über den Salat gießen, vorsichtig mischen.

Rote-Bete-Salat

Die roten Beten 15 – 20 Min. in Salzwasser kochen. Dann schälen und in feine Scheiben schneiden. Die Frühlingszwiebeln waschen, putzen und in feine Ringe schneiden. Die Orangen so schälen, daß auch die weiße Haut entfernt wird. Die Filets mit einem Messer aus den Trennhäuten schneiden. Den Saft dabei auffangen.

Den Orangensaft mit dem Zitronensaft, etwas Salz, Pfeffer und dem Öl verrühren. 12 Orangenfilets ganz lassen, die restlichen halbieren und mit den roten Beten, den Frühlingszwiebeln und der Sauce mischen. Mit den ganzen Orangenfilets garniert servieren.

Zutaten für 4 Personen:

500 g rote Beten
4 Frühlingszwiebeln
3 Orangen · 4 EL Zitronensaft
Salz · weißer Pfeffer
4 EL Raps- oder Sonnenblumenöl

Zubereitungszeit: 20 Min.
Pro Portion etwa:
710 kJ / 170 kcal
3 g EW / 8 g F / 19 g KH

Läßt sich gut vorbereiten

Zutaten für 4 Personen:

1/2 Blumenkohl (etwa 350 g)
300 g Broccoli
300 g kleine, festkochende Kartoffeln
200 g Möhren
3/4 l Gemüsebrühe
3–4 EL Weißweinessig
Salz
schwarzer Pfeffer
8 EL Olivenöl
1 Kästchen Kresse
150 g Crème fraîche
1–2 EL Zitronensaft
1 EL frisch geriebener Meerrettich

Zubereitungszeit: 1 Std.
Pro Portion etwa:
1700 kJ / 400 kcal
8 g EW / 32 g F / 19 g KH

Preiswert

Gemüsesalat mit Meerrettich-Dressing

Blumenkohl und Broccoli waschen und putzen, die harten Strünke entfernen. Die Köpfe in Röschen zerteilen, die Broccolistiele schälen und in kleine Stücke schneiden. Kartoffeln und Möhren waschen, schälen und schräg in dünne Scheiben schneiden.

Blumenkohl, Broccolistiele, Kartoffel- und Möhrenscheiben in der Brühe zugedeckt bei schwacher Hitze 7 Min. kochen. Broccoliröschen hinzufügen, noch 3 Min. garen. Gemüse abtropfen lassen.

Essig, Salz, Pfeffer und Olivenöl verrühren. Die Kresse abspülen, die Hälfte davon abschneiden und hinzufügen. Das warme Gemüse in der Salatsauce wenden und 15 Min. ziehen lassen.

Crème fraîche, Zitronensaft, Salz, Pfeffer und Meerrettich verrühren. Das Meerrettich-Dressing auf den Salat geben, mit der übrigen Kresse bestreuen und servieren.

Riesenbohnensalat mit Rucola

Die getrockneten Bohnen 6–12 Std. von Wasser bedeckt einweichen. Dann von frischem Wasser bedeckt mit dem Lorbeerblatt und der Zwiebel bei mittlerer Hitze 1 Std. garen, nach 30 Min. salzen. Die gekochten Bohnen mit heißem Wasser abbrausen, die Zwiebel und das Lorbeerblatt entfernen.

Die Hälfte des Rucola waschen, trockenschleudern und in Streifen schneiden. Mit dem Öl vermischen und mit dem Pürierstab pürieren. Die rote Zwiebel und die Knoblauchzehe kleinschneiden und mit den Gemüsewürfeln und dem Rucolapüree mischen. Mit Zitronensaft, Salz und Pfeffer würzen.

Die Bohnen mit der Marinade vermischen und 3 Std. ziehen lassen. Dann Salatblätter waschen und mit dem übrigen Rucola auf einer Platte auslegen. Die Bohnen darauf anrichten und servieren.

Tip: Schneller geht's mit gegarten Bohnen aus der Dose; Sie brauchen etwa 400 g. Wer möchte, würzt den Salat mit eingelegten Chillies.

Zutaten für 4 Personen:

200 g getrocknete weiße Riesenbohnen
1 Lorbeerblatt · 1 Zwiebel
Meersalz · 100 g Rucola
2 EL Olivenöl · 1 rote Zwiebel
1 Knoblauchzehe
200 g Gemüsewürfel (Tomate, Möhre, rote Paprikaschote)
2 EL Zitronensaft
Pfeffer
4 Handvoll schöne Salatblätter

Zubereitungszeit: 1 1/4 Std.
(+ 3 Std. Marinierzeit,
+ 6–12 Std. Quellzeit)
Pro Portion etwa:
1600 kJ / 380 kcal
26 g EW / 6 g F / 54 g KH

Vollwertig

Gado Gado

Zutaten für 4 Personen:

2–3 frische rote Chilischoten
2 kleine Zwiebeln
5 Knoblauchzehen
50 g Kokoscreme (Asienladen)
100 g Erdnußcreme
1 TL brauner Zucker
1 EL Austernsauce (Asienladen)
2 EL Sojasauce (Kecap asin)
1 EL Aceto balsamico (Balsamessig)
je 1/2 TL Kreuzkümmel- und Zitronengraspulver
1/2 TL Pfeffer
4 Eier
250 g Mungobohnensprossen
Salz
300 g Chinakohl
1 mittelgroße Stange Lauch
300 g Möhren
300 g Staudensellerie
1 reife Avocado
1 EL Zitronensaft

Zubereitungszeit: 1 1/4 Std.
Pro Portion etwa:
2100 kJ / 500 kcal
22 g EW / 39 g F / 29 g KH

Für Gäste

Den Grill auf höchste Stufe anheizen. Die Chilischoten waschen, längs aufschneiden, die Kerne entfernen und die Schoten in Alufolie wickeln. Die Zwiebeln ungeschält halbieren, mit dem ungeschälten Knoblauch und den Chilischoten unter dem heißen Grill 10 Min. rösten, bis die Zwiebelhaut dunkelbraun ist.

Zwiebeln und Knoblauch schälen, Chilischoten vom Stielansatz befreien. Alles würfeln und im Mixer oder Blitzhacker pürieren. Die Kokoscreme dazugeben und mitmixen. In einer Schüssel mit der Erdnußcreme, Zucker, Austern- und Sojasauce, Aceto balsamico, Kreuzkümmel, Zitronengras und Pfeffer verrühren. So viel Wasser untermischen, daß die Sauce cremig, aber dickflüssig ist.

Die Eier in 8 Min. hart kochen, abschrecken und abkühlen lassen. Die Mungobohnensprossen in Salzwasser 3 Min. blanchieren, in ein Sieb gießen und abtropfen lassen.

Den Chinakohl waschen und in feine Streifen schneiden, beiseite stellen. Den Lauch, die Möhren und den Staudensellerie putzen, waschen und in etwa 1/2 cm dicke, 3 cm lange Streifen schneiden. Lauch, Möhren und Sellerie in einem Dämpfeinsatz über kochendem Wasser zugedeckt bei mittlerer Hitze in 10 Min. bißfest dämpfen. Mit den Mungobohnensprossen und dem Chinakohl vermischt auf einer Platte anrichten.

Die Avocado der Länge nach aufschneiden, den Kern entfernen und die Schale abziehen. Das Fruchtfleisch in Scheiben schneiden, mit dem Zitronensaft beträufeln und zum Gemüse geben. Die Sauce über den Salat gießen, diesen mit geschälten und geviertelten Eiern garnieren und lauwarm servieren.

Varianten:

Außer den Mungobohnensprossen, die unbedingt dazugehören, können die Gemüsesorten vielfältig abgewandelt werden: Weißkohl, Frühlingszwiebeln, bunte Paprikaschoten, gedämpfte Broccoliröschen und Kohlrabistreifen, grüne blanchierte Brechbohnen passen ebenso. Edel: Statt der Eier pro Person 100 g Riesengarnelen (King Prawns) schälen, am Rücken einschneiden und den Darm mit einem spitzen Messer entfernen. Die Garnelen in Erdnußöl 5 Min. bei mittlerer Hitze unter Rühren braten und heiß über den Salat verteilen.

Und: Wer's schärfer mag, streut noch einige dünne Chiliringe über den fertigen Salat.

In feine Streifen geschnitten und über heißem Dampf gegart, behält das Gemüse Inhaltsstoffe und Aroma.

Die Schärfe sitzt vor allem in den Kernen. Damit's nicht höllisch scharf wird, werden sie entfernt.

Die Avocado der Länge nach halbieren, den Kern mit einem Messer herauslösen. Die Hälften vorher oder nachher schälen.

Der Tip vom Profi !

Ein würziger Salat, der sein besonderes Aroma durch einige exotische Zutaten bekommt, die Sie in gut sortierten Supermärkten und natürlich im Asienladen kaufen können. Und: alle diese Zutaten können Sie jederzeit im Vorrat haben – gut für alle, die keinen Asienladen in direkter Nähe haben. Kokoscreme gibt es als Block zu kaufen, ersatzweise können Sie auch Kokosmilch aus der Dose (dann nur den dicken Teil) nehmen. Austernsauce ist eine dickflüssige Sauce aus Sojasauce, Austernextrakt und Gewürzen. Sojasauce gibt es in unterschiedlichen Geschmacksrichtungen von süß bis sehr salzig. Kecap asin ist eine dünnflüssige salzige Sojasauce aus Indonesien.

Zutaten für 4 Personen:

2 kleine Knoblauchzehen
4 Sardellenfilets
4 EL Olivenöl
2 EL Gemüsebrühe oder Tomatensaft
2 EL Aceto balsamico (Balsamessig)
2 EL Zitronensaft
1 TL milder Senf
Pfeffer
1 EL frisch gehackte Petersilie
9 EL frisch geriebener Parmesan
4 Scheiben Mehrkorn-Baguette
Meersalz
2 feste Köpfe Römischer Salat

Zubereitungszeit: 20 Min.
Pro Portion etwa:
900 kJ / 210 kcal
12 g EW / 15 g F / 8 g KH

Schnell

Caesar-Salat mit Zitrone

1 Knoblauchzehe kleinschneiden. Die Sardellenfilets würfeln. Beides mit dem Öl, der Brühe oder dem Saft, Essig, Zitronensaft, Senf, Pfeffer und Petersilie pürieren. 6 EL Parmesan untermischen.

Die zweite Knoblauchzehe schälen. Die Brotscheiben im Toaster oder in einer mit Öl ausgepinselten Pfanne von beiden Seiten rösten und mit der Knoblauchzehe kräftig einreiben. Das Brot salzen, pfeffern und in Stücke schneiden.

Den Salat waschen, trockenschleudern, mit der Sauce vermischen. Mit Brotstücken und restlichem Parmesan garniert servieren.

Tip: Die Salatsauce können Sie wunderbar vorbereiten, sie hält sich im Kühlschrank zwei Tage.

Möhrensalat mit Rosmarin

Die Möhren waschen, schälen und auf der Rohkostreibe fein raffeln. Mit dem Zitronensaft mischen.

Knoblauchzehe zur Dickmilch pressen. Mit Honig, Salz und Pfeffer abschmecken. Rosmarin waschen, Nadeln abzupfen und fein schneiden. Möhrenstreifen mit Dickmilch und Rosmarin mischen.

Tip: Rosmarin gibt es auf größeren Märkten zu kaufen. Sie können sich aber auch eine Pflanze im Topf besorgen und auf die Fensterbank stellen.

Zutaten für 4 Personen:

500 g Möhren
3 EL Zitronensaft
1 Knoblauchzehe
200 g Dickmilch · 1 TL Honig
Salz · Pfeffer
1 Zweig frischer Rosmarin

Zubereitungszeit: 20 Min.
Pro Portion etwa:
300 kJ / 70 kcal
3 g EW / 2 g F / 10 g KH

Schnell

Zutaten für 4 Personen:

1 EL Aceto balsamico (Balsamessig)
Salz
Pfeffer
2 EL Olivenöl
1 kleine rote Zwiebel
1 EL frisch gehackte Petersilie
1 reife Tomate
1/2 frische grüne Chilischote
1 rote Paprikaschote
1 Apfel
1 kleine Salatgurke
1 Avocado
3 Paranüsse
1–2 Handvoll Feldsalat
einige Blätter Friséesalat

Zubereitungszeit: 35 Min.
Pro Portion etwa:
1000 kJ / 240 kcal
3 g EW / 20 g F / 10 g KH

Vegetarisch

Argentinischer Avocadosalat

Den Essig in einer Schüssel mit Salz und Pfeffer mischen und mit dem Öl verrühren. Die Zwiebel würfeln und mit der Petersilie untermischen.

Tomate, Chili- und Paprikaschote, Apfel und Gurke waschen und abtrocknen. Die Tomate vom Stielansatz befreien, die Chili- und Paprikaschote halbieren und putzen, den Apfel schälen und vom Kerngehäuse befreien. Alles in kleine Würfel schneiden. Die Salatgurke schälen und in etwa 1 1/2 cm große Stücke schneiden. Die Avocado halbieren, vom Kern befreien, schälen und in etwa 2 cm große Würfel schneiden. Alles sofort nach dem Zerkleinern in die Salatsauce geben und gut vermengen. Den Salat 15 Min. ziehen lassen.

Die Nüsse mit dem Sparschäler hobeln. Den Blattsalat waschen, trockenschleudern und auf vier Teller verteilen. Den Avocadosalat dazugeben, leicht unterheben. Mit den Nüssen garniert servieren.

Servieren Sie dazu Mineralwasser oder frisch gepreßten Orangensaft mit 1 Schuß gut gekühltem Sekt.

Mesclun-Salat mit Kräutern

Die Schalotte fein würfeln. Mit beiden Essigsorten, Salz, Pfeffer und den Kräutern mischen. Das Öl unterrühren.

Den Salat waschen, trockenschleudern und mit der Sauce vermischen. Die eßbaren Blüten waschen, trockentupfen und den Salat damit garnieren.

Tip: Mesclun-Salat wird vor allem in Südfrankreich zubereitet. Mesclun bezeichnet eine Blattsalat-Mischung, die zum größten Teil aus wildwachsenden Salatarten zusammengestellt ist und schon gemischt auf den Märkten angeboten wird. Wichtig für den Geschmack sind vor allem leicht bittere Sorten wie Löwenzahn oder auch Rucola.
Statt mit Blüten, die nicht jedermanns Sache sind, können Sie den Salat auch mit schwarzen Oliven und Tomatenwürfeln garnieren.

Zutaten für 4 Personen:

1 kleine Schalotte
2 TL Cidreessig
1 TL Himbeeressig
Meersalz · Pfeffer
2 EL frisch gehackte, gemischte Kräuter (Rosmarin, Thymian, Schnittlauch, Ysop, Bohnenkraut, Lavendel)
4 TL Olivenöl
1 Bund Mesclun-Salat oder 4 Handvoll gemischte Salatblätter (Eichblatt, Rucola, junger Spinat, junger Löwenzahn, Sauerampfer, Brunnenkresse)
2 EL eßbare Blüten (z. B. Borretsch-, Lavendel-, Kapuzinerkresse- oder Zucchiniblüten)

Zubereitungszeit: 20 Min.
Pro Portion etwa: 340 kJ / 80 kcal
1 g EW / 8 g F / 1 g KH

Vollwertig

Zutaten für 4 Personen:

- 2 Orangen
- 1 kleine Fenchelknolle mit Grün
- 2 rote Zwiebeln
- 1 TL grober schwarzer Pfeffer
- 4 EL Olivenöl
- 1/2 TL Rosmarinnadeln
- 2 EL Weißweinessig · Salz

Zubereitungszeit: 20 Min.
Pro Portion etwa:
590 kJ / 140 kcal
2 g EW / 8 g F / 13 g KH

Schnell

Sizilianischer Orangen-Zwiebelsalat

Die Orangen so schälen, daß auch die weiße Haut entfernt wird, in Scheiben schneiden, den Saft auffangen. Vom Fenchel den Strunk und das Grün abschneiden, den Fenchel halbieren, waschen und mit den Zwiebeln in dünne Scheiben schneiden.

Fenchel, Orangen und Zwiebeln auf vier Tellern anrichten, mit Pfeffer bestreuen. Fenchelgrün hacken, mit Öl, Orangensaft, Rosmarin, Essig und Salz verrühren und über den Salat gießen.

Tunesischer Mechouia-Salat

Die Eier in 8 Min. hart kochen, abschrecken. Den Grill auf höchste Stufe anheizen. Die Zwiebel ungeschält halbieren. Die Paprika- und Chilischoten waschen, halbieren und putzen. Tomaten waschen, von den Stielansätzen befreien. Das Gemüse bis auf die Chilischoten mit der Haut nach oben unter den Grill schieben und 5–6 Min. grillen. Dann die Chilischoten dazugeben und alles weitere 2–4 Min. grillen, bis die Haut dunkelbraun ist.

Die Petersilie waschen und grob hacken. Die Eier schälen und in Scheiben schneiden.

Gemüse unter einem feuchten Küchentuch abkühlen lassen, dann die dunkle Haut abziehen. Gemüse in Stücke schneiden (Tomatensaft abgießen) und mit Kapern, Zitronensaft, Salz, Pfeffer, Kreuzkümmel, Koriander und Öl mischen, über den Salat gießen. Mit zerpflücktem Thunfisch und Eischeiben garnieren.

Zutaten für 4 Personen:

- 2 Eier · 1 Zwiebel
- 350 g Paprikaschoten
- 2 frische grüne Chilischoten
- 2 Fleischtomaten (etwa 450 g)
- 1/2 Bund Petersilie
- 1 EL Kapern
- Saft von 1/2–1 Zitrone · Salz
- schwarzer Pfeffer
- je 1/2 TL fein zerstoßener Kreuzkümmel und Koriander
- 4 EL Olivenöl
- 120 g Thunfisch aus der Dose

Zubereitungszeit: 1 Std.
Pro Portion etwa:
1000 kJ / 240 kcal
13 g EW / 18 g F / 9 g KH

Für Gäste

Bohnensalat mit mariniertem Lachs

Zutaten für 4 Personen:

2 EL Pesto (aus dem Glas)
1 EL Zitronensaft
250 g frisches Lachsfilet (ohne Haut und Gräten), schräg in dünne Scheiben geschnitten
200 g zarte grüne Bohnen · Salz
je 1 kleine rote und gelbe Paprikaschote (je etwa 150 g)
2–3 EL Aceto balsamico (Balsamessig)
schwarzer Pfeffer
4 EL Olivenöl
2 Zweige frischer Oregano oder Basilikum
200 g Kirschtomaten
Basilikum- und Thymianzweige zum Garnieren

Zubereitungszeit: 40 Min.
Pro Portion etwa:
1200 kJ / 290 kcal
15 g EW / 17 g F / 7 g KH

Für Gäste

Pesto mit Zitronensaft verrühren und auf die Lachsscheiben streichen. Diese zu kleinen Rouladen aufrollen und 30 Min. kühl stellen.

Die Bohnen waschen, putzen, in der Mitte durchbrechen und in 8–12 Min. in 1 l kochendem Salzwasser bei mittlerer Hitze bißfest kochen. Abgießen, abschrecken und abtropfen lassen.

Die Paprikaschoten waschen, halbieren, putzen und in kurze Streifen schneiden.

Für die Salatsauce Essig, Salz und Pfeffer mit dem Öl verrühren. Oregano oder Basilikum waschen, Blättchen abzupfen, fein hacken und unter die Sauce rühren.

Die Paprikastreifen auf vier Teller verteilen, mit den Bohnen belegen und mit der Salatsauce beträufeln. Tomaten waschen, halbieren und mit den Lachsröllchen auf das Gemüse legen. Den Bohnensalat mit Basilikum- und Thymianzweigen garniert servieren.

Das besondere Rezept !

Dieser würzig-leichte Salat ist eine ideale Vorspeise, wenn Sie Gäste erwarten. Er läßt sich gut vorbereiten: Die Lachsröllchen schon Stunden vorher zubereiten und kühl stellen. Die Bohnen ebenfalls schon garen und abschrecken. Vor dem Servieren dann nur noch die Paprika in Streifen schneiden und die Vorspeise anrichten. Danach schmeckt ein Fleischgericht, zum Beispiel Lamm, aber auch ein Gemüsegericht wie Gemüse-Lasagne mit Morcheln (Seite 99), die ohne Aufsicht im Ofen gart, oder Gemüse-Couscous mit Hähnchen (Seite 110), das ebenfalls gut vorzubereiten ist. Servieren Sie zum Salat einen fruchtigen Weißwein, z. B. einen Burgunder oder einen Riesling.

Zutaten für 4 Personen:

200 g zarte Löwenzahnblätter
50 g magerer Räucherspeck
1/2 Knoblauchzehe
5 EL Weißweinessig
1/2 EL scharfer Senf (Dijon)
Salz
Pfeffer
8 EL Walnußöl
4 frische Eier
Walnußkerne

Zubereitungszeit: 40 Min.
Pro Portion etwa:
1730 kJ / 415 kcal
10 g EW / 39 g F / 6 g KH

Für Gäste

Löwenzahnsalat mit pochiertem Ei

Die Löwenzahnblätter putzen, waschen und gut trockenschütteln. Den Speck in dünne Streifen schneiden, bei mittlerer Hitze in einer trockenen Pfanne knusprig braten und beiseite stellen.

Den Knoblauch pressen und mit 3 EL Essig, dem Senf, etwas Salz und Pfeffer gut verrühren. Das Öl langsam darunterschlagen.

1 l Wasser mit 2 EL Essig aufkochen. Jedes Ei in eine Tasse schlagen, dann nacheinander vorsichtig in das Wasser gleiten und 3 1/2 Min. ziehen lassen. Während des Garens die Eiweiße mit zwei Holzlöffeln immer wieder um die Eigelbe legen, so daß die Eigelbe von diesen umhüllt werden. Die Eier mit der Schaumkelle aus dem Wasser heben und auf mehrere Lagen Küchenpapier legen. Die Eiweißfransen mit einer Schere abschneiden.

Die Walnußkerne grob hacken. Den Löwenzahn mit dem Speck, der Sauce und den Nüssen mischen, die Eier darauf setzen.

Variante:
Löwenzahnsalat mit Schafkäse

200 g Löwenzahn mit 100 g Rucola und 100 g halbierten Kirschtomaten mischen, 10 ganze Basilikumblätter dazugeben. Die pochierten Eier durch 150 g frischen, in Olivenöl und Thymian marinierten Schafkäse ersetzen.

Tip: Löwenzahn können Sie wild sammeln – nicht in der Nähe von Äckern und stark befahrenen Straßen – oder kaufen. Gekaufter ist oft gebleicht und dadurch besonders mild.

Dazu schmeckt ein leichter Weißwein, z.B. ein Beaujolais Villages.

Zutaten für 4 Personen:

200 g enthülste dicke Bohnen (etwa 800 g mit Hülsen)
1 rote Paprikaschote
1 kleiner Kopf- oder Eisbergsalat (etwa 200 g)
150 g Thunfisch aus der Dose (naturell) · 50 g schwarze Oliven
2 EL Rotweinessig
1/2 TL scharfer Senf (Dijon)
Salz · Pfeffer
6 EL Olivenöl

Zubereitungszeit: 35 Min.
Pro Portion etwa:
1900 kJ / 450 kcal
23 g EW / 25 g F / 27 g KH

Läßt sich gut vorbereiten

Salat »Côte d'Azur«

Die dicken Bohnen in kochendem Salzwasser 2–3 Min. blanchieren, abschrecken und aus den hellen Häuten drücken.

Die Paprikaschote waschen, halbieren, putzen und in Streifen schneiden. Den Salat putzen, waschen und trockenschleudern. Den Thunfisch in kleine Stücke zupfen. Die Oliven entsteinen, fein würfeln.

Essig, Senf, Salz, Pfeffer und Öl verrühren, alles mischen.

Asiatischer Krautsalat

Kohl putzen und in feine Streifen schneiden oder hobeln. Brühe mit Essig zum Kochen bringen. Den Kohl damit überbrühen, abtropfen lassen. Sojasauce mit Sherry, Salz, Pfeffer, Sambal oelek, Ingwer und Öl verrühren.

Die Paprikaschote waschen, halbieren und putzen. Die Möhren schälen. Beides in feine Stifte schneiden. Die Mungobohnensprossen mit den Erbsen 3 Min. blanchieren, dann kalt abschrecken. Die Petersilie waschen und fein hacken. Alle Gemüse mit dem Kohl, der Marinade und der Petersilie mischen.

Zutaten für 4 Personen:

1/2 junger Weißkohl (etwa 400 g)
1/8 l Gemüsebrühe
4 EL Weißweinessig
4 EL Sojasauce
2 EL Sherry (fino) · Salz
schwarzer Pfeffer
1/2 TL Sambal oelek
2 TL fein geriebener Ingwer
6 EL Öl · 1 rote Paprikaschote
2 Möhren (etwa 200 g)
100 g Mungobohnensprossen
100 g enthülste Erbsen
1 Bund Petersilie

Zubereitungszeit: 40 Min.
Pro Portion etwa:
1000 kJ / 240 kcal
10 g EW / 13 g F / 22 g KH

Vegetarisch

SUPPEN UND EINTÖPFE

Zutaten für 4 Personen:

1 rote Paprikaschote
800 g reife Fleischtomaten
1 mittelgroße Salatgurke
1 Knoblauchzehe
1 EL Paprika, edelsüß
1 TL Zitronensaft
1 Prise Zucker
1 TL Tomatenmark
1 Prise Cayennepfeffer
Salz
Pfeffer
150 g kleine, gekochte geschälte Garnelen
4 große, gekochte Garnelen mit Schale
4 Petersilienzweige

Zubereitungszeit: 25 Min.
(+ 1–2 Std. Kühlzeit)
Pro Portion etwa:
520 kJ / 120 kcal
14 g EW / 2 g F / 13 g KH

Läßt sich gut vorbereiten

Gazpacho mit Garnelen

Die Paprikaschote waschen, halbieren, putzen und kleinschneiden. Stielansätze der Tomaten entfernen. Tomaten kurz überbrühen, häuten, entkernen und würfeln. Die Gurke schälen und ebenfalls würfeln.

Das Gemüse im Mixer pürieren, durch ein feines Sieb streichen. Den Knoblauch dazupressen. Das Gemüsepüree mit Paprika, Zitronensaft, Zucker, Tomatenmark, Cayennepfeffer, Salz und Pfeffer pikant abschmecken. 1–2 Std. kalt stellen.

Die kleinen Garnelen in vier vorgekühlte Suppentassen verteilen. Mit der Gazpacho auffüllen. Die großen Garnelen so schälen, daß der Schwanzfächer erhalten bleibt. Zusammen mit je 1 kleinen Zweig Petersilie als Garnitur auf die Suppe legen.

Gurken-Kaltschale

Die Gurke schälen und würfeln, zwei Drittel davon mit Käse und Gemüsefond pürieren. Den Dill waschen, hacken und mit Kefir, Zitronensaft und Gurkenwürfeln unter die Suppe rühren, mit Salz und Pfeffer abschmecken.

Das Brot würfeln, in der Butter bei mittlerer Hitze rösten. Die Suppe damit bestreut servieren.

Tip: Diese erfrischende Suppe können Sie wunderbar vorbereiten und in den Kühlschrank stellen. Vor dem Servieren das Brot braten und über die kühle Suppe streuen.

Zutaten für 4 Personen:

500 g Gurke · 100 g Schafkäse
200 ml Gemüsefond
1 Bund Dill · 200 g Kefir
1 EL Zitronensaft · Salz
schwarzer Pfeffer
1 Scheibe Toastbrot
1 TL Butter

Zubereitungszeit: 20 Min.
Pro Portion etwa:
590 kJ / 140 kcal
7 g EW / 9 g F / 8 g KH

Schnell

Zutaten für 4 Personen:

800 g reife Tomaten
1 rote Zwiebel
1 Knoblauchzehe
1 Möhre
1 TL Olivenöl
1 TL Thymianblättchen
Salz · Pfeffer
1 1/2 unbehandelte Orangen
1 EL frisch gehackte Petersilie

Zubereitungszeit: 30 Min.
Pro Portion etwa:
280 kJ / 65 kcal
3 g EW / 2 g F / 12 g KH

Für Gäste

Tomaten-Orangen-Suppe

Die Tomaten von den Stielansätzen befreien, bis auf eine kurz überbrühen und häuten. Die Tomaten pürieren. Zwiebel und Knoblauchzehe würfeln. Möhre schälen und würfeln.

In einem Topf bei mittlerer Hitze das Öl heiß werden lassen. Die Zwiebel, den Knoblauch und die Möhre darin 2 Min. andünsten. Das Tomatenpüree dazugeben und 3 Min. garen. Dann 1/8 l Wasser dazugießen und aufkochen lassen. Den Thymian hinzufügen. Die Suppe salzen und pfeffern und zugedeckt bei schwacher Hitze 10 Min. köcheln lassen.

1 Orange waschen, ein Stück Schale abschneiden, in Streifen schneiden. Orange auspressen und den Saft zur Suppe geben. Die halbe Orange so schälen, daß auch die weiße Innenhaut entfernt wird. Das Fruchtfleisch mit einem scharfen Messer aus den Trennwänden lösen. Die übrige Tomate würfeln.

Die Suppe auf vier Teller verteilen und mit den Orangenfilets, den Schalenstreifen und Tomatenwürfeln sowie der Petersilie garnieren.

Zwiebelsuppe mit Salbei

Die Zwiebeln halbieren und in Scheiben schneiden. Im Öl bei mittlerer Hitze unter Rühren hellbraun andünsten. Mit der Brühe aufgießen, Koriander dazugeben und die Zwiebeln zugedeckt bei schwacher Hitze 10 Min. garen. Die Kartoffeln schälen, waschen und klein würfeln. Zu den Zwiebeln geben und in 25 Min. fertig garen.

Salbei waschen, die Blätter in Streifen schneiden. Speck fein würfeln und bei mittlerer Hitze in der Butter ausbraten, Salbeiblätter darin knusprig braten. Zwiebelsuppe mit Salz, Pfeffer und Essig abschmecken und mit Salbei-Speckwürfeln bestreuen.

Zutaten für 4 Personen:

500 g Zwiebeln
2 EL Öl
1 1/4 l Hühnerbrühe
1 TL Korianderkörner, grob zerstoßen
400 g vorwiegend festkochende Kartoffeln
2 Zweige frischer Salbei
50 g durchwachsener Räucherspeck ohne Schwarte
1 EL Butter · Salz
weißer Pfeffer · 1 EL Essig

Zubereitungszeit: 1 Std.
Pro Portion etwa:
1000 kJ / 240 kcal
5 g EW / 16 g F / 22 g KH

Preiswert

Zutaten für 4 Personen:

200 g braune Linsen
1 Knoblauchzehe
1 rote Zwiebel
1 Möhre
1 Stück Knollensellerie
1 EL Olivenöl
1 Zweig Rosmarin
1 Lorbeerblatt
1 1/4 l Gemüsebrühe
400 g Mangold
1/2 rote Paprikaschote
Meersalz
Pfeffer
1–2 EL Aceto balsamico (Balsamessig)
1 EL Rosmarinblüten (nach Belieben)

Zubereitungszeit: 1 1/2 Std.
Pro Portion etwa:
890 kJ / 210 kcal
15 g EW / 3 g F / 31 g KH

Vollwertig

Linsensuppe mit Mangold

Die Linsen waschen, von etwa 1/2 l Wasser bedeckt einmal aufkochen lassen und beiseite stellen. 1 Std. quellen lassen.

Den Knoblauch und die Zwiebel schälen. Die Möhre und den Sellerie waschen und schälen. Alles kleinschneiden.

In einem Topf 2 TL Öl erhitzen und das zerkleinerte Gemüse darin 5 Min. bei schwacher Hitze dünsten. Dann die gequollenen, abgetropften Linsen hinzufügen. Den Rosmarin, das Lorbeerblatt und die Gemüsebrühe dazugeben. Die Linsen 20 Min. zugedeckt bei schwacher Hitze garen.

Inzwischen den Mangold waschen. Die Stiele in kleine Stücke und die Blätter in Streifen schneiden. Die Mangoldstiele in Salzwasser bei starker Hitze zugedeckt 5 Min. garen. Mangoldblätter unterrühren, bei schwacher Hitze noch 5 Min. zugedeckt garen und abtropfen lassen.

Die Paprikahälfte waschen, putzen und in etwa 1/2 cm breite Rauten schneiden. In einer kleinen Pfanne das restliche Öl erhitzen. Die Paprikarauten darin 5 Min. bei schwacher Hitze dünsten.

Die Suppe mit Salz, Pfeffer und Essig abschmecken. Mit dem Mangold und der Paprika und nach Belieben mit Rosmarinblüten garnieren.

Variante:
Linsensuppe mit Champignons

Mit der Möhre und dem Sellerie etwa 200 g kleingeschnittene Champignons in die Suppe geben. Den Mangold und die Paprika weglassen und die Suppe mit Croûtons servieren.

Dazu schmeckt ein kühles helles Bier.

Israelischer Borschtsch

Zutaten für 4–6 Personen:

400 g Weißkohl
2 mittelgroße Zwiebeln
350 g Tomaten
500 g rote Beten
400 g mehligkochende Kartoffeln
1 1/2 l Fleischbrühe
Salz
grober schwarzer Pfeffer
1 Lorbeerblatt
750 g mageres Rindfleisch aus der Schulter
1 TL Zucker
Saft von 1 Zitrone
1/2 Stange Meerrettich

Zubereitungszeit: 45 Min. (+ 2 Std. Garzeit)
Bei 6 Personen pro Portion etwa:
1300 kJ / 310 kcal
31 g EW / 9 g F / 24 g KH

Für Gäste

Den Kohl waschen und in große Stücke zerteilen. Die Zwiebeln fein würfeln. Die Tomaten waschen, Stielansätze entfernen. Die Tomaten kurz überbrühen, häuten und halbieren. Die roten Beten und die Kartoffeln waschen und schälen. Beides mit dem Kohl, den Tomaten und Zwiebeln in der Brühe aufkochen, mit Salz, Pfeffer und Lorbeer würzen. Das Fleisch dazugeben und alles 2 Std. zugedeckt bei schwacher Hitze garen.

Das Fleisch herausnehmen, in feine Scheiben schneiden und warm halten. Das Gemüse – außer den Kartoffeln – und das Lorbeerblatt herausheben. Die Brühe mit dem Pürierstab im Topf pürieren, mit Salz, Pfeffer, Zucker und Zitronensaft abschmecken.

Den Kohl in breite Streifen, die roten Beten in Stücke schneiden. Alles in die dicke Suppe geben, erhitzen. Den Meerrettich waschen, schälen und grob raspeln. Fleisch in Suppenteller verteilen. Die Suppe darüber gießen und mit dem Meerrettich garnieren.

Dazu schmeckt Fladenbrot mit Sesam.

Zutaten für 4 Personen:

600 g Kürbis
1 Knoblauchzehe
1 Zwiebel
2 Tomaten
1 Möhre
2 EL Olivenöl
1 kleiner Zweig Thymian
1 l Gemüsebrühe
2 EL Crème double
2 EL saure Sahne
1 Prise frisch geriebene Muskatnuß
Meersalz
Pfeffer
je 50 g Spinat und Sauerampfer

Zubereitungszeit: 45 Min.
Pro Portion etwa:
590 kJ / 140 kcal
3 g EW / 8 g F / 12 g KH

Vollwertig

Kürbissuppe mit Sauerampfer

Den Kürbis schälen, putzen und das Kürbisfleisch würfeln. Den Knoblauch und die Zwiebel schälen. 1 Tomate vom Stielansatz befreien, überbrühen und häuten, die Möhre schälen. Alles kleinschneiden.

In einem Topf 1 EL Öl erhitzen. Den Kürbis, den Knoblauch und die Zwiebel darin bei schwacher Hitze 5 Min. dünsten. Die Möhren- und Tomatenwürfel, den Thymian und die Brühe dazugeben. Alles 10–15 Min. bei schwacher Hitze garen.

Den Thymian entfernen. Die Suppe pürieren. Mit der Crème double, der sauren Sahne, Muskat, Salz und Pfeffer abschmecken.

Die zweite Tomate waschen, vom Stielansatz befreien und würfeln. Den Spinat und den Sauerampfer waschen und in Streifen schneiden.

In einer Pfanne das restliche Öl erhitzen. Den Spinat mit der Tomate darin 1 Min. bei schwacher Hitze dünsten, salzen und pfeffern. Die Suppe mit Spinat, Tomaten und Sauerampfer garniert servieren.

Variante:
Topinambur-Cremesuppe

350 g Topinambur und 150 g Kartoffeln waschen und schälen. Den Topinambur sofort in etwas Wasser mit 1 Schuß Zitronensaft legen, damit er sich nicht verfärbt. Topinambur und Kartoffeln in 1 cm große Würfel schneiden. 1 Zwiebel und 1 Knoblauchzehe würfeln und mit dem Gemüse in 1 l Gemüsebrühe in 10–15 Min. weich kochen. Dann pürieren und abschmecken. 50 g Rucola in Streifen unterrühren. Statt Crème double und saurer Sahne Joghurt nehmen.

Blumenkohl-Minze-Suppe

Zutaten für 4 Personen:
2 Schalotten
1 Blumenkohl (etwa 750 g)
2 EL Butter
3/4 l kräftige, heiße Gemüse- oder Hühnerbrühe
Salz
schwarzer Pfeffer
1–2 EL Zitronensaft
150 g Crème fraîche
3 frische Minzezweige

Zubereitungszeit: 45 Min.
Pro Portion etwa:
1000 kJ / 240 kcal
5 g EW / 22 g F / 6 g KH

Gelingt leicht

Die Schalotten fein würfeln. Den Blumenkohl putzen, waschen und in Röschen teilen.

Die Butter in einem Topf zerlassen. Die Schalotten darin bei schwacher Hitze glasig dünsten. Blumenkohlröschen hinzufügen und kurz mitdünsten. Mit der heißen Brühe aufgießen und alles 15 Min. bei mittlerer Hitze köcheln lassen.

Etwa 6 EL Blumenkohlröschen herausnehmen und beiseite legen, den übrigen Blumenkohl mit der Brühe pürieren. Mit Salz, Pfeffer und Zitronensaft würzen. Crème fraîche einrühren, die Suppe aufkochen und weitere 2–3 Min. köcheln lassen. Restliche Blumenkohlröschen in der Suppe erhitzen.

Minze abspülen, Blätter von den Stielen zupfen und drei Viertel davon in feine Streifen schneiden. Zusammen mit den ganzen Blättern auf die Suppe streuen und diese sofort servieren.

Das besondere Rezept

Ungewöhnliche, wunderbar aromatische Gerichte eignen sich besonders gut für festliche Einladungen. Und: sie müssen nicht aufwendig sein – wie diese köstliche Suppe beweist. Aus wenigen und zudem preiswerten Zutaten zubereitet, gelingt sie auch Ungeübten vollkommen problemlos. Minze gibt nicht nur Blumenkohl das besondere Etwas, sondern schmeckt auch in Salaten (in feine Streifen geschnitten), in anderen Suppen (z. B. aus Kürbis, Kartoffeln oder Topinambur) und Eintöpfen, in Saucen (z. B. Tzatziki) und auch als eßbare Garnierung zahlreicher Desserts oder eisgekühlter Getränke. In jedem Fall sollten Sie vorsichtig dosieren, denn Minze würzt sehr intensiv.
Man unterscheidet vor allem die dunkelgrüne bis rötliche Pfefferminze und die sattgrüne Krausminze. Pfefferminze ist noch aromatischer.
Zur Suppe schmeckt übrigens getoastetes Kastenweißbrot besonders gut.

Zutaten für 4 Personen:
150 g Graupen
750 g rohes geräuchertes Kasseler mit Knochen
1/2 TL Piment
5 Pfefferkörner
2 Lorbeerblätter
Salz
2 Zwiebeln
2 TL körnige Fleischbrühe
500 g Steckrüben
300 g Blattspinat
30 g Butter
6 EL trockener Weißwein
schwarzer Pfeffer
125 g Sahne
1 Bund Schnittlauch

Zubereitungszeit: 1 3/4 Std. (+ 4 Std. Quellzeit)
Pro Portion etwa: 2900 kJ / 690 kcal
38 g EW / 42 g F / 32 g KH

Preiswert

Steckrüben-Spinat-Eintopf mit Graupen

Graupen abspülen, in eine Schüssel geben und mit kaltem Wasser bedecken. 4 Std. einweichen.

Kasseler kalt abspülen und in einen großen Topf legen. Piment, Pfefferkörner, Lorbeer, 1 TL Salz und 1 halbierte, ungeschälte Zwiebel hinzufügen. Mit 1 1/2 l Wasser aufgießen und zum Kochen bringen. Fleischbrühe einrühren. Den Topfdeckel halb auflegen und das Fleisch 45 Min. bei mittlerer Hitze köcheln lassen.

Inzwischen die zweite Zwiebel fein würfeln. Die Steckrüben schälen, putzen und in etwa 1 1/2 cm große Würfel schneiden. Spinat gründlich waschen, verlesen und grob hacken.

Das Fleisch herausnehmen, die Brühe durch ein Sieb abseihen. Butter im Topf erhitzen, die gewürfelte Zwiebel darin bei schwacher Hitze glasig dünsten. Steckrüben hinzufügen und 3 Min. mitdünsten. Brühe und Wein angießen, abgetropfte Graupen dazugeben. Aufkochen und 15 Min. bei mittlerer Hitze köcheln lassen. Salzen und pfeffern.

Kasseler auslösen und in Würfel schneiden, mit dem Spinat in den Eintopf geben und beides noch 5 Min. mitköcheln lassen.

Die Sahne halbsteif schlagen und unter den Eintopf rühren. Schnittlauch abspülen und in feine Röllchen schneiden. Vor dem Servieren auf den Eintopf streuen.

Tip: Die Steck- oder Kohlrübe hat Hauptsaison im Oktober und November. Sie darf nicht hohl klingen, sonst ist sie holzig.

Dazu schmeckt ein kräftiger, trockener Riesling aus Deutschland oder ein helles Bier.

Zutaten für 4 Personen:

500 g Kabeljaufilet
1 1/2 unbehandelte Zitronen
Salz
schwarzer Pfeffer
300 g Blumenkohl
300 g Broccoli
2 Möhren (etwa 200 g)
1 Gemüsezwiebel
2 EL Butter
3/8 l trockener Weißwein
600 ml Fischfond (aus dem Glas)
Paprika, rosenscharf
3 Knoblauchzehen
1 Bund Petersilie

Zubereitungszeit: 1 Std.
Pro Portion etwa:
1200 kJ / 290 kcal
27 g EW / 7 g F / 13 g KH

Gelingt leicht

Gemüse-Fischtopf mit Gremolata

Den Fisch in mundgerechte Stücke schneiden. 1 Zitrone waschen und die Schale fein abreiben, Saft auspressen. Den Fisch mit 2 EL Zitronensaft beträufeln, salzen und pfeffern. Blumenkohl und Broccoli waschen, putzen und in Röschen teilen. Die Broccolistiele dünn schälen und in Stücke schneiden.

Möhren schälen und in Scheiben schneiden. Zwiebel in Streifen schneiden und in der heißen Butter bei schwacher Hitze glasig dünsten. Möhren 3 Min. mitdünsten. Mit Wein und Fond ablöschen, aufkochen. Blumenkohl und Broccoli hinzufügen, mit Salz, Pfeffer und Paprika würzen und zugedeckt 15 Min. bei mittlerer Hitze köcheln lassen. Fisch dazugeben und 5 Min. bei schwacher Hitze ziehen lassen.

Für die Gremolata von der restlichen Zitronenhälfte die Schale fein abreiben. Knoblauch sehr klein würfeln. Petersilie fein hacken. Mit Knoblauch und Zitronenschale auf den Eintopf streuen.

Ratatouille mit Fenchel

Das Gemüse waschen und abtrocknen. Auberginen und Zucchini in etwa 1 cm dicke Scheiben schneiden. Große Auberginenscheiben würfeln. Tomaten von den Stielansätzen befreien und würfeln. Paprikaschoten halbieren und putzen. Fenchel von den äußeren Blättern, dem Grün und dem Strunk befreien. Paprika und Fenchel in Streifen schneiden. Zwiebeln und Knoblauch würfeln.

Das Olivenöl in einem breiten Topf erhitzen. Zwiebeln, Knoblauch, Paprika- und Fenchelstreifen darin 2 Min. bei mittlerer Hitze dünsten. Zucchini und Auberginen hinzufügen, 10 Min. mitdünsten. Dabei das Gemüse immer wieder wenden. Tomaten und Thymian, Basilikum und Petersilie hinzufügen. Die Ratatouille mit Salz und Pfeffer abschmecken und zugedeckt bei mittlerer Hitze weitere 3–4 Min. garen. Mit Basilikumblättchen garniert servieren.

Zutaten für 4 Personen:

je 500 g Auberginen, Zucchini und Tomaten
je 1 grüne und rote Paprikaschote
1 Fenchelknolle
2 rote Zwiebeln
2 Knoblauchzehen
2 EL Olivenöl
1 TL Thymianblättchen
4 EL frisch gehacktes Basilikum
1 EL frisch gehackte Petersilie
Meersalz · Pfeffer
einige Basilikumblättchen

Zubereitungszeit: 45 Min.
Pro Portion etwa:
630 kJ / 150 kcal
8 g EW / 6 g F / 17 g KH

Vollwertig

Zutaten für 4 Personen:

4 ausgelöste Jakobsmuscheln
1 EL Olivenöl
1 TL Zitronensaft
1 EL Kerbel
500 g Möhren
1 große Zwiebel
1 EL Butter
1/2 – 3/4 l Geflügelbrühe
125 g Sahne
Salz
weißer Pfeffer
1/2 TL Zucker
1 EL trockener Wermut, z. B. Noilly Prat (ersatzweise 1 EL Kerbel)
4 Kerbelzweige
eventuell 1 – 2 EL Olivenöl zum Braten

Zubereitungszeit: 50 Min. (+ 1 Std. Marinierzeit)
Pro Portion etwa:
1100 kJ / 260 kcal
9 g EW / 16 g F / 18 g KH

Läßt sich gut vorbereiten

Möhrensuppe mit Jakobsmuscheln

Die Muscheln kalt abspülen und trockentupfen. Das Muschelfleisch quer in sehr dünne Scheiben schneiden.

Das Olivenöl mit dem Zitronensaft und der Hälfte des Kerbels mischen. Die Muschelscheiben flach auslegen, mit der Marinade bestreichen und 1 Std. zugedeckt kalt stellen.

Die Möhren schälen und in Scheiben schneiden. Die Zwiebel fein würfeln und 2 – 3 Min. bei schwacher Hitze in der Butter glasig dünsten. Die Möhren hinzufügen, mit der Brühe aufgießen. 30 Min. kochen, dann abgießen und die Garflüssigkeit auffangen.

Die Möhren mit der Garflüssigkeit im Mixer pürieren, dabei die Sahne hinzufügen. Die Suppe wieder in den Topf geben und 5 – 10 Min. bei schwacher Hitze weiterkochen. Mit dem restlichen Kerbel, Salz, Pfeffer, Zucker und Wermut abschmecken.

Eventuell das Olivenöl erhitzen und die Muschelscheiben darin bei mittlerer Hitze 1 Min. braten.

Die Suppe in vier Suppenteller oder -tassen füllen. Die rohen oder gebratenen Jakobsmuscheln mit weißem Pfeffer und Salz bestreuen und so auf die Suppe legen, daß sie obenauf schwimmen. Die Suppe mit Kerbel garniert sofort servieren.

Tip: Die Suppe läßt sich auch kalt servieren. Dann sollten die Muschelscheiben aber gegart sein, da sie in der Suppe nicht mehr garziehen können.

Servieren Sie dazu einen Sylvaner aus Franken oder Rheinhessen.

Zutaten für 4 Personen:
30 g Kerbel
200 g Kalbsbrät
1 EL Crème fraîche
2 EL Semmelbrösel
1 Eigelb
Salz
schwarzer Pfeffer
300 g weißer Spargel
300 g grüner Spargel
1 Bund Frühlingszwiebeln
250 g Mangold
30 g Butter
1 3/4 l Gemüsebrühe
150 g enthülste Erbsen (etwa 450 g mit Hülsen)
etwas Zitronensaft

Zubereitungszeit: 1 1/2 Std.
Pro Portion etwa:
1500 kJ / 360 kcal
19 g EW / 21 g F / 23 g KH

Für Gäste

Grüne Spargelsuppe mit Kerbelklößchen

Den Kerbel waschen und fein hacken. Kalbsbrät mit Crème fraîche, Semmelbröseln, Eigelb, Kerbel, Salz und Pfeffer verkneten. Reichlich Salzwasser zum Kochen bringen. Aus der Masse 20 Klößchen formen und diese im leise siedenden Salzwasser in 10 Min. bei schwacher Hitze garziehen lassen.

Den Spargel waschen. Den weißen Spargel schälen. Von beiden Spargelsorten die holzigen Enden abschneiden. Die Frühlingszwiebeln waschen und putzen. Den Spargel in etwa 5 cm, die Frühlingszwiebeln in etwa 2 cm lange Stücke schneiden. Den Mangold waschen. Die Mangoldstiele in kleine Würfel, Blätter in etwa 1 cm breite Streifen schneiden.

Mangoldstiele in der Butter 5 Min. bei schwacher Hitze dünsten. Mit der Brühe aufgießen und aufkochen lassen. Spargel darin 10 Min. köcheln lassen. Erbsen, Frühlingszwiebeln und Mangoldblätter hinzufügen und alles in 5 Min. fertig garen. Mit Salz, Pfeffer und Zitronensaft abschmecken. Die Klößchen in der Suppe erhitzen, nicht kochen.

Variante:
Spargelsuppe mit Fischfilet

Ersetzen Sie die Kerbelklößchen durch Streifen von 300 g edlem Fischfilet wie Lachs, Seezunge oder Scholle. Den Fisch mit Zitronensaft und Salz würzen und 3 Min. bei sehr schwacher Hitze in der Suppe gar ziehen lassen (pochieren).

Servieren Sie dazu einen aromatischen, trockenen Weißwein aus Deutschland, z. B. Grau- oder Weißburgunder.

Minestrone

Zutaten für 4–6 Personen:

200 g enthülste dicke Bohnen (etwa 800 g mit Hülsen)
Salz · Pfeffer
50 g Pancetta (ersatzweise durchwachsener Räucherspeck)
1 Stange Lauch
1 Zwiebel
2 Stangen Staudensellerie
200 g Möhren
250 g Kürbis
200 g Kartoffeln
250 g Stielmangold oder Blattspinat
200 g Tomaten
2–3 EL Butter
200 g Muschelnudeln oder Orecchiette
1 Knoblauchzehe
je 1 EL frisch gehackte Petersilie und Basilikum
5 EL frisch geriebener Parmesan

Zubereitungszeit: 1 Std. (+ 1 Std. Garzeit)
Bei 6 Personen pro Portion etwa: 1800 kJ / 430 kcal
20 g EW / 16 g F / 53 g KH

Gelingt leicht

Die dicken Bohnen 2–3 Min. in Salzwasser blanchieren, abgießen, kalt abschrecken und aus den hellen Häuten drücken. Mit Salz und Pfeffer würzen.

Pancetta würfeln. Den Lauch längs aufschneiden, waschen, putzen und in Scheiben schneiden. Die Zwiebel fein würfeln. Den Sellerie waschen, die Möhren und den Kürbis schälen. Diese Gemüse in 1/2 cm große Stücke schneiden. Die Kartoffeln schälen und in etwa 1 cm große Würfel schneiden. Den Mangold oder Spinat waschen, abtropfen lassen und die Blätter in grobe Stücke teilen. Die Mangoldstiele kleinschneiden. Stielansätze der Tomaten entfernen. Tomaten kurz überbrühen, häuten, entkernen und kleinschneiden.

Pancetta in der Butter bei schwacher Hitze unter Rühren glasig dünsten. Die Zwiebel und den Lauch dazugeben und 5 Min. mitgaren. Den Sellerie, die Möhren und den Kürbis hinzufügen und 5 Min. mitdünsten. Kartoffeln, Mangold oder Spinat und Tomaten dazugeben und alles weitere 5 Min. dünsten. 2 l Wasser angießen und aufkochen lassen. Die Suppe bei schwacher Hitze zugedeckt 1 Std. köcheln lassen.

Die Suppe aufkochen, die Nudeln und die dicken Bohnen hinzufügen und gut umrühren. Sobald die Suppe wieder kocht, die Hitze reduzieren. Unter gelegentlichem Rühren weiterkochen, bis die Nudeln knapp gar sind. Die Suppe würzen. Knoblauch hacken und mit den Kräutern und dem Parmesan darüber streuen.

Info: Minestrone wird in ganz Italien zubereitet. Die bekannteste ist sicher die Minestrone alla genovese, die mit extra viel Gemüse gekocht und mit Pesto serviert wird. Wer möchte, kann diese würzige Kräuterpaste statt Kräutern und Knoblauch zur Suppe servieren.
In der Toskana bereitet man die Suppe mit gegarten weißen Bohnen und mit gerösteten Brotscheiben zu, ein echtes Hauptgericht. In anderen Regionen Italiens ersetzt man die Nudeln durch Linsen oder auch Reis. Was das Gemüse betrifft, nimmt die italienische Hausfrau für die Suppe, was gerade im Angebot ist: Wirsing statt Mangold, Broccoli, Zucchini oder Erbsen.

Damit sie schön zart sind, die dicken Bohnen nach dem Blanchieren aus den Häuten drücken.

Sellerie hat manchmal harte Fasern. Diese mit einem Messer lösen und abziehen.

Wenn Pancetta und Lauch angebraten und glasig sind, kommen Sellerie und Möhren dazu.

Zutaten für 4 Personen:

2 Möhren
1 dünne Stange Lauch
150 g durchwachsener Räucherspeck
400 g Suppenknochen
Salz
375 g enthülste Erbsen (etwa 1 kg mit Hülsen)
60 g Hartweizengrieß
1 EL Butter
1/4 l Milch
25 g frisch geriebener Hartkäse
1 Ei
Pfeffer
1 Bund gemischte Kräuter
frisch geriebene Muskatnuß

Zubereitungszeit: 2 Std.
Pro Portion etwa:
3020 kJ / 725 kcal
36 g EW / 38 g F / 56 g KH

Preiswert

Grüne Erbsensuppe mit Grießnocken

Die Möhren schälen. Den Lauch putzen, längs aufschneiden. Beides waschen und in Scheiben schneiden. Den Speck und die Knochen abspülen und mit 1 1/2 l kaltem, leicht gesalzenem Wasser aufsetzen. Lauch- und Möhrenscheiben dazugeben und alles 1 1/2 Std. zugedeckt bei schwacher Hitze köcheln lassen.

Speck und Knochen aus der Brühe heben, die Erbsen in der Brühe 30 Min. bei mittlerer Hitze garen.

Inzwischen für die Nocken Butter in einem Topf schmelzen lassen. Den Grieß dazugeben und bei mittlerer Hitze hellgelb andünsten. Die Milch einrühren und das Ganze vom Herd nehmen. Den Grieß in 10 Min. dick ausquellen lassen, den Käse untermischen und die Masse abkühlen lassen.

In einem breiten Topf Salzwasser erhitzen. Wenn die Grießmasse etwas abgekühlt ist, das Ei, Salz und Pfeffer unterrühren. Mit zwei Eßlöffeln, die immer wieder in kaltes Wasser getaucht werden, aus der Grießmasse kleine Nocken formen und diese im leise siedenden Wasser ohne Deckel in 10 Min. gar ziehen lassen.

Die Kräuter waschen, Blättchen abzupfen und hacken. Den Speck entschwarten, würfeln und wieder zur Suppe geben, mit Salz, Pfeffer und Muskat abschmecken.

Die Grießklößchen mit einer Schaumkelle aus dem Wasser heben und in die Suppe legen. Die Kräuter darüber streuen und die Suppe sofort servieren.

Servieren Sie dazu einen herben, fülligen Rotwein oder einen Grauburgunder aus Baden.

Grünkohl »Lippische Palme«

Zutaten für 4 Personen:

1 1/2 kg Grün- oder Braunkohl (siehe »Das besondere Rezept«)
Salz
3 mittelgroße Zwiebeln
40 g Schweine- oder Butterschmalz
500 g Kohlwurst, Kochsalami oder Mettwurst
1/2 l heiße Fleischbrühe
2 EL Haferflocken
Pfeffer
1/2 TL grob zerstoßener Piment

Zubereitungszeit: 30 Min. (+ 1 1/2 Std. Garzeit)
Pro Portion etwa: 3400 kJ / 810 kcal
32 g EW / 70 g F / 18 g KH

Preiswert

Die Blattrippen aus der Mitte der Kohlblätter schneiden. Die Blätter gründlich waschen und in reichlich kochendem Salzwasser 5 Min. blanchieren. In ein Sieb gießen, abschrecken und abtropfen lassen. Auf einem Brett klein hacken.

Die Zwiebeln grob würfeln. Im heißen Schmalz bei schwacher Hitze goldgelb andünsten. Die Wurst mit einem Zahnstocher mehrmals anstechen und mit dem Kohl zu den Zwiebeln geben. Die heiße Fleischbrühe angießen, alles zugedeckt 30 Min. bei schwacher Hitze garen, dann die Wurst herausnehmen. Den Kohl noch 1 Std. garen. Die Haferflocken zum Binden unterrühren.

Die Wurst in Scheiben oder größere Stücke schneiden und wieder dazugeben. Den Eintopf mit Salz, Pfeffer und Piment würzen und nochmals schwach erhitzen.

Dazu schmecken ein naturtrübes Bier und zum Abschluß ein gut gekühlter Klarer oder ein herber, trockener Weißwein.

Das besondere Rezept

In Süddeutschland ist er nahezu unbekannt, im Norden und Nordwesten Deutschlands dagegen gibt es einige regionale Spezialitäten mit Grünkohl. Dort sind auch die Hauptanbaugebiete, die den Bedarf ganz Deutschlands decken. Das typische Wintergemüse, das erst nach dem ersten Frost so richtig gut schmeckt, wird größtenteils deftig zubereitet, vor allem mit Wurst wie Kochsalami, Mettwurst oder der norddeutschen Spezialität Pinkel. Gelegentlich bezeichnet man Grünkohl auch als Braunkohl, was wohl zwei Gründe hat. Zum einen gibt es rötlich-blau gefärbte Braunkohlpflanzen – eine Spezialität von Lippe. Zum anderen war und ist es üblich, den Kohl so lange zu garen, bis er nicht mehr grün, sondern braun ist.

Zutaten für 4 Personen:

- **400 g Hähnchenbrustfilet**
- **2 EL Sherry fino (ersatzweise Hühnerbrühe)**
- **4 EL Sojasauce**
- **125 g Langkornreis**
- **Salz**
- **3 Frühlingszwiebeln**
- **2 Möhren**
- **150 g Champignons**
- **1 Zwiebel**
- **1 walnußgroßes Stück Ingwer**
- **1 große Knoblauchzehe**
- **4 EL Öl**
- **1 1/4 l Hühnerbrühe**
- **300 g Chinakohl**
- **100 g Mungobohnensprossen**
- **100 g Maiskörner (aus der Dose)**
- **schwarzer Pfeffer**
- **1–2 EL Zitronensaft**
- **2 EL Schnittlauchröllchen**

Zubereitungszeit: 1 Std.
Pro Portion etwa:
1500 kJ / 360 kcal
31 g EW / 11 g F / 36 g KH

Für Gäste

Asiatischer Gemüse-Eintopf

Das Hähnchenbrustfilet kurz abbrausen, trockentupfen und in 1/2 cm breite Scheiben schneiden (oder in grobe Stücke teilen). Sherry und 2 EL Sojasauce verrühren. Das Fleisch in die Marinade geben und 30 Min. ziehen lassen.

Inzwischen den Reis in siedendem Salzwasser bei mittlerer Hitze in 15 Min. knapp gar kochen, abgießen und gut abtropfen lassen.

Frühlingszwiebeln putzen, waschen und in mundgerechte Stücke schneiden. Möhren waschen, schälen und in Stifte schneiden. Champignons putzen und in Blättchen schneiden.

Zwiebel halbieren und in Streifen schneiden. Ingwer und Knoblauch schälen und fein würfeln. Zwiebel, Ingwer und Knoblauch in einem großen Topf im Öl bei schwacher Hitze andünsten. Das vorbereitete Gemüse hinzufügen, unter Rühren 3 Min. mitdünsten. Hähnchenbrustscheiben samt der Marinade dazugeben. Alles mit kalter Brühe auffüllen und langsam zum Kochen bringen.

Chinakohl waschen, putzen und in Streifen schneiden. Mungobohnensprossen abbrausen und abtropfen lassen. Beides mit Mais und Reis nach dem ersten Aufkochen in den Topf geben und alles 5 Min. sanft köcheln lassen.

Den Eintopf mit der übrigen Sojasauce, mit Salz, Pfeffer und Zitronensaft abschmecken. Mit Schnittlauchröllchen bestreut servieren.

Ein helles Bier (Pils) paßt besonders gut dazu.

Zutaten für 4 Personen:

4 Hähnchenschenkel
Salz · Pfeffer
3 Möhren
1 Kohlrabi
250 g grüne Bohnen
je 1 rote und grüne Paprikaschote
3 Zwiebeln
3 EL Olivenöl
100 ml trockener Weißwein (ersatzweise Geflügelbrühe)
1 Dose Tomaten (400 g)
je 1 TL frischer oder getrockneter Thymian, Rosmarin und Estragon
2 frische rote Chilischoten

Zubereitungszeit: 1 Std.
Pro Portion etwa:
1400 kJ / 330 kcal
37 g EW / 12 g F / 19 g KH

Für Gäste

Hähnchen-Gemüsetopf

Die Hähnchenschenkel waschen, abtrocknen und mit Salz und Pfeffer einreiben. Die Möhren und Kohlrabi schälen und in Stifte schneiden. Bohnen waschen, putzen und in der Mitte durchbrechen. Die Paprikaschoten waschen, längs halbieren, putzen und klein würfeln. Die Zwiebeln würfeln.

Hähnchenschenkel im Olivenöl rundherum anbraten. Gemüse dazugeben, Wein angießen. Zugedeckt bei schwacher Hitze 15 Min. schmoren lassen.

Die Tomaten samt Flüssigkeit dazugeben, mit Kräutern, Salz und Pfeffer würzen. Die Chilischoten längs aufschneiden, unter fließendem Wasser die Kerne entfernen, Chilischoten in Streifen schneiden. Dann unter den Eintopf mischen und diesen noch 30 Min. bei schwacher Hitze schmoren lassen.

Variante:
Lammtopf mit Kichererbsen

250 g Kichererbsen über Nacht in Wasser einweichen. 500 g Lammfleisch, von Nacken oder Schulter ohne Knochen, würfeln und in Olivenöl anbraten. 500 g gehäutete, gewürfelte Tomaten, Kichererbsen, 3 gewürfelte Zwiebeln dazugeben. Mit Harissa (Chilipaste), Kreuzkümmel, Salz und Pfeffer würzen und gut 1 1/2 Std. zugedeckt bei schwacher Hitze garen. Dabei immer wieder etwas Wasser nachgießen.

HAUPTGERICHTE

Crespelle mit Gemüsefüllung

Zutaten für 4–6 Personen:

135 g Mehl
335 ml Milch
3 kleine Eier
Salz
2 EL Öl
5 Frühlingszwiebeln
5 kleine Knoblauchzehen
400 g Steinpilze oder Egerlinge
800 g Tomaten
2–3 EL Butter
weißer Pfeffer
1–2 TL Pastetengewürz (Reformhaus)
2 TL getrockneter Estragon
5–6 EL Sauce double hell (aus dem Glas)
400 g Sahne
125 g frisch geriebener Hartkäse (z. B. Parmesan, Greyerzer)
Butterschmalz zum Braten
Butter für die Form

Zubereitungszeit:
1 Std. 20 Min.
Bei 6 Personen pro Portion etwa:
2665 kJ / 635 kcal
18 g EW / 49 g F / 29 g KH

Vegetarisch

Für die Crespelle (dünne Eierkuchen) das Mehl mit der Milch verquirlen, dann die Eier, 1/2 TL Salz und das Öl unterrühren. 30 Min. ruhen lassen.

Frühlingszwiebeln waschen, putzen und in feine Ringe schneiden. Knoblauch fein würfeln. Die Pilze putzen, die Stielansätze abschneiden, Hüte und Stiele feinblättrig schneiden. Stielansätze der Tomaten entfernen. Tomaten kurz überbrühen, in kleine Würfel schneiden.

Frühlingszwiebelringe und Knoblauchwürfel bei schwacher Hitze in der Butter andünsten. Pilzscheiben dazugeben, bei mittlerer Hitze leicht bräunen. Tomatenwürfel unterrühren, mit Salz, Pfeffer, Pastetengewürz und Estragon würzen. 5 Min. bei starker Hitze offen garen, bis die Sauce dickflüssig ist, dann die Sauce double unterrühren. Topf vom Herd nehmen.

Eine große Auflaufform fetten. Backofen auf 225° vorheizen. In einer beschichteten Pfanne mit wenig Butterschmalz aus dem Teig bei mittlerer Hitze dünne, helle Pfannkuchen backen, mit Pilzmasse füllen und in der Mitte zusammenklappen. In die Form legen.

Die Sahne mit dem geriebenen Käse verrühren, mit Salz und Pfeffer würzen und über die Pfannkuchen gießen. Im Ofen (Mitte, Umluft 200°) 20 Min. überbacken, bis die Oberfläche schön gebräunt ist (eventuell kurz den Grill einschalten).

Dazu schmeckt ein leichter italienischer Weißwein.

Mangoldomelette mit Nüssen

Zutaten für 4 Personen:

- 400 g Mangold
- 1 Frühlingszwiebel
- 1 EL Olivenöl
- Salz
- weißer Pfeffer
- 2 EL grob gehackte Nüsse (Hasel- oder Walnüsse)
- 8 Eier
- 2 EL Milch oder Sahne
- 3 EL Butter

Zubereitungszeit: 25 Min.
Pro Portion etwa:
1300 kJ / 310 kcal
16 g EW / 26 g F / 28 g KH

Vegetarisch

Den Mangold waschen, die Stiele in Stücke, die Blätter in feine Streifen schneiden. Frühlingszwiebel waschen, putzen und fein hacken. Beides im Olivenöl bei schwacher Hitze 3 Min. dünsten. Mit Salz und Pfeffer abschmecken und warm halten.

Die Nüsse in einer Pfanne ohne Fett bei mittlerer Hitze hellgelb rösten.

Die Eier mit Milch oder Sahne und wenig Salz und Pfeffer leicht verschlagen. Die Butter in einer großen Pfanne zerfließen lassen. Die Eiermasse hineingeben. Bei mittlerer Hitze in 2–3 Min. leicht stocken lassen, dabei mit einer Gabel im noch flüssigen Ei rühren.

Wenn die Eier gleichmäßig gestockt, die Oberfläche aber noch glänzend ist, die Pfanne vom Herd nehmen und das Omelette auf einen vorgewärmten Teller gleiten lassen. Die Füllung in die Mitte geben, Omelette zusammenklappen. Mit den Nüssen bestreut servieren.

Tip: Sie können auch aus der Masse in einer kleinen Pfanne vier Omelettes backen.

Dazu paßt Weißwein, z.B. ein trockener Frankenwein oder ein Chardonnay.

Spinat-Lauch-Gemüse mit Eiern

Das Gemüse harmoniert mit einem frischen, trockenen Weißwein aus Deutschland.

Lauch längs aufschneiden, waschen, putzen und in dünne Scheiben schneiden. Spinat gründlich waschen, verlesen und grob hacken.

Schinken klein würfeln. Butter in einem breiten Topf schmelzen lassen. Schinken darin bei mittlerer Hitze anbraten. Den Lauch dazugeben und 3 Min. bei schwacher Hitze dünsten. Spinat hinzufügen und zugedeckt dünsten, bis die Blätter zusammengefallen sind.

Mehl über das Gemüse stäuben und 2–3 Min. anschwitzen. Brühe und Wein unter Rühren dazugießen. Aufkochen und zugedeckt bei schwacher Hitze 5–7 Min. köcheln lassen. Mit Salz, Pfeffer und Muskat abschmecken.

Inzwischen die Eier in knapp 8 Min. wachsweich kochen. Schälen, quer halbieren und auf dem Gemüse anrichten.

Als Beilage zu dem Spinat-Lauch-Gemüse schmecken Pellkartoffeln.

Zutaten für 4 Personen:

- 500 g Lauch
- 500 g Blattspinat
- 150 g roher Schinken
- 50 g Butter · 40 g Mehl
- 1/4 l Fleischbrühe
- 1/8 l trockener Weißwein (ersatzweise Fleischbrühe)
- Salz · schwarzer Pfeffer
- frisch geriebene Muskatnuß
- 4 Eier

Zubereitungszeit: 30 Min.
Pro Portion etwa:
1800 kJ / 430 kcal
19 g EW / 31 g F / 14 g KH

Schnell

Gemüse-Lasagne mit Morcheln

Zutaten für 4 Personen:

20 g getrocknete Morcheln
5 EL Butter
2 EL Mehl
350 ml Milch
2 Eigelb
7 EL Sahne
Salz
frisch geriebene Muskatnuß
2 Zwiebeln
100 g Möhren
100 g Staudensellerie
200 g Lauch
1/2 rote Paprikaschote
100 g Zucchini
200 ml Gemüsebrühe
80 g frisch geriebener Parmesan
Pfeffer
8 weiße oder grüne Lasagneblätter
Butter für die Form

Zubereitungszeit: 1 1/2 Std.
Pro Portion etwa:
2200 kJ / 520 kcal
20 g EW / 32 g F / 37 g KH

Vegetarisch

Servieren Sie zu der Lasagne einen leichten Rotwein, z. B. einen Beaujolais.

Die Morcheln von heißem Wasser bedeckt 10 Min. quellen lassen. 2 EL Butter erwärmen und das Mehl darin bei schwacher Hitze anschwitzen. Die Milch dazugießen, mit einem Schneebesen glattrühren und unter Rühren aufkochen lassen. Dann die Sauce 5 Min. bei schwacher Hitze köcheln lassen, bis sie dickflüssig wird.

Die Eigelbe mit der Sahne verrühren. 3–4 EL der etwas abgekühlten Sauce unterrühren. Diese Mischung in die Sauce geben und erwärmen, aber nicht mehr kochen lassen. Mit Salz und Muskat abschmecken.

Die Morcheln in ein Sieb abgießen und die Flüssigkeit dabei auffangen. Große Morcheln halbieren. Die Zwiebeln fein würfeln und in 2 EL Butter bei schwacher Hitze glasig dünsten. Die Morcheln dazugeben. Das Einweichwasser der Morcheln durch eine Filtertüte gießen, damit kein Sand zurückbleibt. Zu den Morcheln geben. Die Morcheln 10 Min. bei mittlerer Hitze garen. Dann abgießen, die Flüssigkeit bis auf etwa 3 EL einkochen lassen und zur Sauce geben.

Die Möhren schälen, den Sellerie waschen, den Lauch putzen, längs aufschneiden und waschen. Die Paprikahälfte putzen und mit den Zucchini waschen. Das Gemüse in kleine Würfel schneiden.

1 EL Butter in einem Topf schmelzen lassen. Die Möhren-, Sellerie- und Paprikaschotenwürfel dazugeben, mit der Brühe aufgießen. 4 Min. bei mittlerer Hitze garen, dann den Lauch und die Zucchiniwürfel sowie die Morcheln hinzufügen. Weitere 4 Min. garen. Das Gemüse abgießen, unter die Sauce mischen. Mit 40 g Parmesan, Salz und Pfeffer abschmecken.

Die Lasagneblätter in reichlich Salzwasser »al dente« kochen, abgießen und abschrecken. Den Backofen auf 250° vorheizen.

Eine rechteckige Form mit Butter fetten. Eine Lage Lasagneblätter hineinlegen. Etwas Gemüsesauce darauf verteilen, dann abwechselnd Lasagneblätter und Sauce einfüllen. Mit Sauce abschließen. Die Lasagne mit dem restlichen Parmesan bestreuen. Im Ofen (Mitte, Umluft 220°) 20 Min. überbacken. Die Oberfläche der Lasagne darf hellbraune Flecken bekommen, es sollte aber keine Kruste entstehen. Wenn nötig, mit Alufolie abdecken.

Tip: Sie können die Lasagne auch nur mit Morcheln, Lauch und der Sauce zubereiten. In diesem Fall weiße Lasagneblätter, 40 g Morcheln und 300 g Lauch unter die Sauce mischen und diese mit etwas Majoran und Weißwein oder trockenem Wermut würzen. Den Parmesan weglassen.

Wenn die Zwiebeln glasig sind, die Morcheln hinzufügen und mit dem gefilterten Einweichwasser aufgießen.

Das Gemüse untermischen und den Käse unter Rühren in der noch warmen Sauce schmelzen.

Lasagneblätter und Gemüsesauce in je zwei bis drei Schichten in die Form füllen.

Der Tip vom Profi

Morcheln sind geschätzte Edelpilze. Die Farbe der kegelförmigen, wabenartig gefächerten Hüte kann von Gelbbraun über Dunkelbraun bis Grauviolett variieren. Man findet Morcheln von März bis Juni auf Sandböden, unter Eschen, Pappeln und an Waldrändern. Im Handel werden Morcheln frisch, in Dosen oder getrocknet angeboten. Das zarte Fleisch der Morchel hat einen feinwürzigen Geschmack. Getrocknete Morcheln müssen stets eingeweicht werden.
Frische Morcheln dürfen weder feucht noch schmierig sein. Frische Morcheln sofort verarbeiten. Vor der Weiterverarbeitung halbieren, waschen und blanchieren. Das Einweichwasser von getrockneten Morcheln kann mitverwendet werden. Man muß es aber filtern, da es sandig ist.

Zutaten für 4 Personen:

400 g Broccoli · Salz
350 g Speisequark
3 EL gemischte frisch gehackte Kräuter
weißer Pfeffer
50 g schwarze Oliven
1 Packung Strudelteig (100 g)
100 g frisch geriebener Hartkäse (z. B. Emmentaler)
50 g durchwachsener Räucherspeck
200 g Crème fraîche
1 EL Sesamsamen
500 g Tomaten · 1 kleine Zwiebel
2 Knoblauchzehen
1 EL Olivenöl
50 ml Rotwein (ersatzweise Gemüsebrühe)
1 EL Aceto balsamico (Balsamessig)
Fett für die Form

Zubereitungszeit: 1 1/4 Std.
Pro Portion etwa:
3060 kJ / 730 kcal
27 g EW / 54 g F / 30 g KH

Für Gäste

Broccoli-Strudel

Den Broccoli putzen, waschen und in kleine Röschen zerlegen. Stiele schälen und in feine Streifen schneiden. Beides in wenig kochendem Salzwasser bei mittlerer Hitze 5 Min. zugedeckt garen, abtropfen lassen.

Quark mit Kräutern, Salz und Pfeffer verrühren. Oliven entsteinen, in Streifen schneiden und unterrühren. Broccoli unterheben. Backofen auf 200° vorheizen.

Eine längliche Form fetten. Strudelteig auf einem Tuch ausbreiten, Broccoli-Quark darauf verteilen. Gut die Hälfte vom Käse darüber streuen. Speck entschwarten, in feine Streifen schneiden und darüber verteilen. Mit Hilfe des Tuchs den Strudel von der Längsseite her aufrollen und in die Form legen.

Crème fraîche mit restlichem Käse verrühren, über den Strudel gießen. Mit Sesam bestreuen. Im Ofen (Mitte, Umluft 180°) 35 Min. backen.

Inzwischen Stielansätze der Tomaten entfernen. Tomaten kurz überbrühen, häuten und vierteln. Zwiebel und Knoblauch würfeln. Im Öl bei mittlerer Hitze andünsten. Tomaten 15 Min. mitschmoren. Nach und nach den Rotwein angießen. Die Sauce mit Salz, Pfeffer und Essig abschmecken. Sauce auf Teller verteilen, die Strudelscheiben darauf legen und servieren.

Dazu paßt ein säurearmer Weißwein, zum Beispiel Silvaner.

Variante: Spinat-Strudel

Statt Broccoli 500 g Spinat putzen und waschen. 1 Zwiebel und 1 Knoblauchzehe fein würfeln, in Butter andünsten. Den Spinat dazugeben und zugedeckt bei schwacher Hitze 3 Min. dünsten. Mit Salz, Pfeffer und Muskat würzen. Unter den Quark mischen, eventuell mit Semmelbröseln binden.

Zutaten für 4 Personen:
1 kg mehligkochende Kartoffeln
1 Lorbeerblatt
Meersalz
1 kleine rote Zwiebel
1 Knoblauchzehe
3 EL frisch gehackte Petersilie
2 EL frisch gehacktes Basilikum
4 EL Olivenöl
2 Fleischtomaten
1 kleine rote Paprikaschote
1 Ei
Pfeffer
1 Eisbergsalat
1 EL Zitronensaft
Basilikumblättchen zum Garnieren (nach Belieben)

Zubereitungszeit: 1 Std.
Pro Portion etwa:
1200 kJ / 290 kcal
8 g EW / 8 g F / 42 g KH

Vollwertig

Kartoffeltorte mit Paprika

Die Kartoffeln waschen und mit dem Lorbeerblatt von Salzwasser bedeckt in 30 Min. zugedeckt bei mittlerer Hitze weich garen.

Inzwischen die Zwiebel und die Knoblauchzehe halbieren und mit der Petersilie, dem Basilikum und 1 EL Öl mit einem Pürierstab pürieren. Die Tomaten waschen, von den Stielansätzen befreien, in Scheiben schneiden und auf eine Platte legen. Mit dem Kräuteröl bestreichen und ziehen lassen.

Die Paprikaschote waschen, halbieren, putzen und in kleine Würfel schneiden. In einer Pfanne 2 TL Öl erhitzen und die Paprikawürfel darin 5 Min. bei schwacher Hitze dünsten. Dann beiseite stellen.

Die Kartoffeln abgießen und schälen. Noch heiß durch eine Kartoffelpresse drücken. In einer Schüssel mit 2 TL Öl, dem Ei, Salz und Pfeffer mischen. Dann die Paprikawürfel unterrühren.

In einer breiten Pfanne 1 EL Öl heiß werden lassen, die Kartoffelmasse hineingeben und glattstreichen. Die Torte von einer Seite in 4 Min. bei mittlerer Hitze goldbraun backen. Auf einen flachen Deckel gleiten lassen, mit 2 TL Öl bestreichen, auf einen Teller stürzen, wieder in die Pfanne geben und von der zweiten Seite in 4 Min. goldbraun backen.

Den Eisbergsalat waschen, trockenschleudern, in Streifen schneiden und auf vier Teller verteilen. Salzen, pfeffern und mit dem Zitronensaft beträufeln. Die Torte in vier Stücke schneiden und auf dem Eisbergsalat anrichten. Die Tomatenscheiben salzen und pfeffern und auf die Kartoffeltorte legen. Nach Belieben mit Basilikum garnieren.

Als Getränk paßt dazu eine Weißweinschorle.

Zutaten für 4 Personen:

2 kg weißer Spargel
Salz
1 Prise Zucker
70 g Sahne
150 g Butter
2 Eigelb
2 EL trockener Weißwein (ersatzweise Gemüsebrühe)
1 EL Zitronensaft
weißer Pfeffer
Cayennepfeffer

Zubereitungszeit: 40 Min.
Pro Portion etwa:
1900 kJ / 450 kcal
11 g EW / 40 g F / 12 g KH

Für Gäste

Spargel mit Sauce mousseline

Den Spargel waschen, schälen und die holzigen Enden abschneiden. In kochendem Salzwasser mit Zucker bei mittlerer Hitze 15–20 Min. kochen.

Die Sahne steif schlagen. Die Butter in einem Topf zerlassen, bis sich die weiße Molke absetzt. 5 Min. abkühlen lassen. Eigelbe mit Weißwein, Zitronensaft, Salz, Pfeffer und Cayennepfeffer in einer Metallschüssel im heißen Wasserbad mit dem Schneebesen cremig schlagen. Aus dem Wasserbad nehmen und die flüssige Butter (ohne Molke) langsam unterquirlen. Wieder ins Wasserbad stellen und die Sauce cremig schlagen. Dann die Sahne unterheben.

Spargel abtropfen lassen, mit der Sauce servieren.

Dazu passen gebratene Schweinefiletscheiben oder einfach nur Salz- bzw. Petersilienkartoffeln.

Servieren Sie dazu einen trockenen oder halbtrockenen Weißwein.

Grüner Spargel mit Pesto und Parmesan

Den Spargel waschen und das untere Drittel der Stangen schälen. In Salzwasser zugedeckt bei mittlerer Hitze 15 Min. kochen, herausnehmen, abtropfen lassen.

Pesto mit etwas Kochwasser verdünnen und über die abgetropften Spargelstangen gießen. Diese mit Parmesan bestreuen und mit Coppa servieren.

Dazu schmecken gekochte und in Olivenöl gebratene neue Kartoffeln.

Zutaten für 4 Personen:

2 kg grüner Spargel · Salz
4 EL Pesto (aus dem Glas)
4 EL frisch geriebener Parmesan
200 g Coppa (würziger italienischer Rollschinken)

Zubereitungszeit: 30 Min.
Pro Portion etwa:
1590 kJ / 390 kcal
21 g EW / 20 g F / 11 g KH

Schnell

Vegetarisches Chili

Zutaten für 4 Personen:
250 g getrocknete Kidney-Bohnen
1 Lorbeerblatt
Salz
1 rote Zwiebel
1 Knoblauchzehe
1,2 kg reife Eiertomaten
je 1 große rote und grüne Paprikaschote
2 EL Olivenöl
1 grüne Chilischote
1 TL Thymianblättchen
Pfeffer
100 g schwarze Oliven
1/2 Avocado

Zubereitungszeit: 1 1/2 Std.
(+ 8 Std. Quellzeit)
Pro Portion etwa:
1915 kJ / 455 kcal
18 g EW / 19 g F / 51 g KH

Läßt sich gut vorbereiten

Die Bohnen von Wasser bedeckt über Nacht einweichen. Am nächsten Tag 2 Min. kochen lassen, beiseite stellen und 1 Std. quellen lassen.

Die Bohnen mit dem Lorbeerblatt im Einweichwasser bei mittlerer Hitze 20 Min. kochen lassen, salzen und weitere 10 Min. garen; dann abgießen.

Inzwischen die Zwiebel und den Knoblauch kleinschneiden. Die Tomaten und Paprikaschoten waschen und abtrocknen. Tomaten von den Stielansätzen befreien, würfeln und mit dem Pürierstab pürieren. Paprikaschoten putzen und würfeln. Die Chilischote längs aufschneiden, unter fließendem Wasser entkernen, fein hacken.

In einem Topf das Öl erhitzen. Die Zwiebel, den Knoblauch und den Paprika darin 3 Min. bei schwacher Hitze dünsten. Die Tomaten, den Thymian und die Chiliwürfel hinzufügen. Alles zugedeckt bei schwacher Hitze 15 Min. garen. Die Sauce dann in 5 Min. bei mittlerer Hitze offen dick einkochen und mit Salz und Pfeffer abschmecken.

Die Oliven entkernen, mit den Bohnen unter das Chili rühren und 5 Min. bei schwacher Hitze ziehen lassen. Avocadoviertel würfeln. Das Chili mit den Avocadowürfeln garnieren.

Das besondere Rezept !

Vegetarier im Bekanntenkreis? Dann laden Sie sie doch zu diesem köstlichen und unkomplizierten Chili ein. Sie können problemlos bereits gegarte Hülsenfrüchte aus der Dose nehmen – im Gegensatz zu anderem Gemüse aus der Dose, stehen sie in puncto Inhaltsstoffen den selbstgekochten nicht nach. Dazu passen Tortilla-Chips.

Schwarzwurzeln mit Kartoffelplätzchen

Zutaten für 4 Personen:

Für das Gemüse und die Kartoffelplätzchen:
2 EL Mehl
2 EL Essig
1 kg Schwarzwurzeln
800 g mehligkochende Kartoffeln
Salz · 1 kleine Zwiebel
70 g durchwachsener Räucherspeck
4 EL Butterschmalz
2 EL frisch gehackte Petersilie
200 g Quark (40%)
2 Eier
100 g Semmelbrösel
Pfeffer
frisch geriebene Muskatnuß
Für die Sauce:
1 unbehandelte Zitrone
1 EL Mehl
1 EL Butter
1 EL scharfer Senf (Dijon)
3 EL Sahne
2 Eigelb
Salz
frisch geriebene Muskatnuß
Pfeffer

Zubereitungszeit: etwa 2 Std.
Pro Portion etwa:
3300 kJ / 790 kcal
23 g EW / 49 g F / 60 g KH

Preiswert

Dazu schmeckt ein trockener oder halbtrockener Weißwein.

In einer Schüssel 1 l kaltes Wasser mit Mehl und Essig verrühren. Die Schwarzwurzeln mit Gummihandschuhen unter fließendem Wasser bürsten und schälen, quer halbieren und sofort ins Mehl-Essigwasser legen, damit sie nicht braun werden (siehe auch S. 35).

Für die Kartoffelplätzchen die Kartoffeln schälen, vierteln und in Salzwasser bei mittlerer Hitze in 25 Min. weich kochen. Abgießen, gut ausdampfen lassen und heiß durch die Kartoffelpresse drücken.

Die Zwiebel und den Räucherspeck fein würfeln und in 1 EL Butterschmalz bei schwacher Hitze andünsten. Petersilie dazugeben. Alles bei mittlerer Hitze kurz dünsten. Dann mit Quark, Eiern und Semmelbröseln unter das Kartoffelpüree mischen und mit Salz, Pfeffer und Muskat würzen. Quellen lassen.

Die Schwarzwurzeln in 1 l Salzwasser 25 Min. kochen, herausheben und auf einer Platte warm stellen. Die Garflüssigkeit aufheben.

Aus der Kartoffelmasse 12 Küchlein formen. Diese im restlichen Butterschmalz auf jeder Seite in 5 Min. bei mittlerer Hitze goldbraun braten. Die Küchlein im Backofen warm halten.

Für die Sauce 350 ml von der Schwarzwurzel-Garflüssigkeit in einen Topf gießen. Die Zitrone waschen, abtrocknen und 1 TL Schale abreiben oder abschneiden und in feine Streifen schneiden, den Saft auspressen. Mehl mit Butter verkneten. Die Garflüssigkeit aufkochen lassen und die Mehlbutter mit einem Schneebesen einrühren, 5 Min. kochen lassen. Senf und die mit der Sahne verquirlten Eigelbe einrühren. Mit Salz, Muskat, Pfeffer und Zitronensaft abschmecken. Erwärmen, aber nicht mehr kochen lassen, die Zitronenschale darüber streuen.

Schwarzwurzeln mit Kartoffelplätzchen servieren, die Sauce über die Schwarzwurzeln gießen oder extra dazu reichen.

Variante:
Schwarzwurzeln in Pfannkuchen

Schwarzwurzeln wie beschrieben zubereiten. Die Sauce aber mit 2 Ecken Schmelzkäse (statt mit Mehlbutter) binden. Aus 6 EL Mehl, 1/8 l Milch und 6 Eiern einen Pfannkuchenteig rühren. Pfannkuchen in Butterschmalz braten, mit Schwarzwurzeln und etwas Sauce füllen, aufrollen. Mit der restlichen Sauce übergießen und mit Käse bestreut im Ofen bei 220° (Mitte, Umluft 200°) in 15–20 Min. goldbraun überbacken.

Da der milchige Saft der Schwarzwurzeln abfärbt, sollten Sie mit Gummihandschuhen arbeiten.

Kartoffeln durch die Presse drücken, nicht im Mixer zerkleinern, sonst werden sie kleistrig.

Die Sauce wird mit Eigelbsahne gebunden, sie darf dann nicht mehr kochen.

Zutaten für 4 Personen:

250 g enthülste Erbsen (etwa 700 g mit Hülsen)
Meersalz
1 rote Zwiebel
1 Knoblauchzehe
700 g dünner weißer Spargel
500 g Kartoffeln
1 EL Olivenöl
1/2 EL frisch gehackte Petersilie
2 TL Currypulver
1 Prise Cayennepfeffer
1/4 l Gemüsebrühe
Pfeffer
4 EL Sahne · 4 EL Kefir

Zubereitungszeit: 30 Min.
Pro Portion etwa:
1500 kJ / 360 kcal
21 g EW / 7 g F / 51 g KH

Vollwertig

Spargel-Curry

Die Erbsen 10 Min. in kochendem Salzwasser garen und abgießen.

Die Zwiebel und den Knoblauch würfeln. Das Gemüse waschen. Den Spargel schälen, die holzigen Enden abschneiden. Den Spargel und die Kartoffeln in etwa 3 cm große Stücke schneiden.

Das Öl erhitzen. Zwiebel, Knoblauch, Petersilie, Curry und Cayennepfeffer einrühren. Den Spargel, die Kartoffeln und die Brühe dazugeben, salzen, pfeffern. Alles 6–8 Min. offen bei mittlerer Hitze garen. Die Sahne unterrühren, einmal aufkochen lassen. Mit den Erbsen und dem Kefir mischen und servieren.

Grüner Spargel mit Tomaten

Spargel und Frühlingszwiebeln waschen und abtrocknen. Den Spargel von den holzigen Enden befreien und in etwa 4 cm lange Stücke schneiden. Frühlingszwiebeln und Pilze putzen. Zwiebeln in Ringe, Pilze in Scheiben schneiden.

2 EL Öl erhitzen und den Spargel darin mit Frühlingszwiebeln, Pilzen, Petersilie und 2 TL Thymian 5 Min. bei schwacher Hitze dünsten. Tomaten waschen, von den Stielansätzen befreien, achteln, dazugeben und erwärmen. Alles salzen und pfeffern.

Den Mozzarella würfeln, mit Salz, Pfeffer, 1 TL Thymian und dem restlichen Öl mischen. Den Spargel damit bestreuen und servieren.

Zutaten für 4 Personen:

1 kg dünner grüner Spargel
2 Frühlingszwiebeln
200 g Egerlinge
3 EL Olivenöl
2 EL frisch gehackte Petersilie
3 TL Thymianblättchen
500 g kleine Tomaten
Meersalz · Pfeffer
250 g Mozzarella

Zubereitungszeit: 45 Min.
Pro Portion etwa:
1100 kJ / 260 kcal
20 g EW / 17 g F / 10 g KH

Für die schlanke Linie

Zutaten für 4 Personen:

- 500 g Tomaten
- 2 Frühlingszwiebeln
- 2 frische grüne Chilischoten
- 1 Bund Koriandergrün oder Petersilie
- Salz
- schwarzer Pfeffer
- 3 EL Zitronensaft
- 5 EL Olivenöl
- 4 große Maiskolben (Zuckermais)
- Cayennepfeffer
- 1 Zwiebel
- 3 Knoblauchzehen
- 2 EL Schweine- oder Butterschmalz
- 2 Dosen rote Kidney-Bohnen (je 400 g)
- 150 ml Fleisch- oder Gemüsebrühe
- 2 getrocknete rote Chilischoten
- 2 EL Tomatenmark

Zubereitungszeit: 1 Std.
Pro Portion etwa:
2600 kJ / 620 kcal
26 g EW / 16 g F / 72 g KH

Preiswert

Maiskolben mit Bohnencreme

Für die Tomatensauce die Stielansätze der Tomaten entfernen. Tomaten kurz überbrühen, häuten, halbieren, entkernen und klein würfeln. Die Frühlingszwiebeln waschen, putzen und in feine Ringe schneiden. Die grünen Chilischoten längs aufschneiden, unter fließendem Wasser Kerne und Trennwände entfernen. Chilischoten sehr fein hacken. Koriandergrün oder Petersilie waschen und hacken. Alles mit Salz, Pfeffer, Zitronensaft und 3 EL Olivenöl mischen, kalt stellen.

Von den Maiskolben die Blätter und Fasern entfernen. Den Mais waschen. In reichlich Salzwasser zugedeckt bei mittlerer Hitze 30 Min. kochen. Den Backofen auf 200° vorheizen.

Die Maiskolben abtropfen lassen, mit Salz und Cayennepfeffer würzen und mit dem restlichen Olivenöl bestreichen. 15 – 20 Min. im Ofen (Mitte, Umluft 180°) garen, dabei einmal wenden.

Währenddessen für die Bohnensauce die Zwiebel und den Knoblauch fein würfeln und im Schmalz bei mittlerer Hitze glasig dünsten. Bohnen abgießen, in einem Sieb kalt abspülen und dazugeben. Die Brühe angießen und die Bohnen mit dem Pürierstab im Topf pürieren. Die roten Chilischoten hacken und mit dem Tomatenmark dazugeben. Die Sauce unter Rühren 5 Min. bei mittlerer Hitze offen schmoren lassen. Mit Salz und Pfeffer abschmecken.

Die heißen Maiskolben mit dem warmen Bohnenpüree und der kalten Tomatensauce servieren.

Dazu schmecken am besten knusprige Tortilla-Chips.

Dazu paßt ein kräftiger, würziger Rotwein wie Cabernet Sauvignon aus Chile, Kalifornien oder Südafrika.

Wintergemüse in Kapernsauce

Zutaten für 4 Personen:

- 300 g Möhren
- 300 g Knollensellerie
- 2 Stangen Lauch (etwa 300 g)
- 300 g Rosenkohl
- 2 Zwiebeln
- 40 g Butter
- 1/4 l Gemüsebrühe
- Salz
- schwarzer Pfeffer
- 200 g Sahne
- 1 g Johannisbrotkernmehl (Reformhaus; entspr. 1 Meßl., der beiliegt)
- je 2 EL Kapern und Kapernsud

Zubereitungszeit: 45 Min.
Pro Portion etwa:
1400 kJ / 330 kcal
9 g EW / 25 g F / 16 g KH

Vegetarisch

Die Möhren und den Sellerie waschen und schälen. Den Lauch längs aufschneiden, waschen und putzen. Den Rosenkohl waschen und putzen. Die Zwiebeln achteln. Die Möhren schräg in etwa 1/2 cm dicke Scheiben schneiden. Den Lauch und den Sellerie grob zerteilen.

Die Butter zerlassen und die Zwiebeln darin bei mittlerer Hitze kurz andünsten. Das Gemüse 3 Min. bei schwacher Hitze mitdünsten. Brühe angießen, alles salzen und pfeffern und zugedeckt 12 Min. garen.

Sahne mit Johannisbrotkernmehl verrühren, zum Gemüse geben, einmal aufkochen lassen. Mit Kapern und Kapernsud abschmecken.

Schmorgurken-Mett-Pfanne

Zutaten für 4 Personen:

- 1 1/2 kg Schmorgurken
- 1 rote Paprikaschote
- 1 Gemüsezwiebel
- 4 Tomaten (etwa 400 g)
- 500 g Schweinemett · 2 EL Öl
- 1/8 l Fleischbrühe
- 2 TL Thymianblättchen
- Salz · schwarzer Pfeffer
- 1 Bund Dill · 100 g saure Sahne

Zubereitungszeit: 45 Min.
Pro Portion etwa:
2300 kJ / 550 kcal
27 g EW / 42 g F / 16 g KH

Gelingt leicht

Gurken und Paprika waschen. Paprika halbieren und putzen. Gurken und Zwiebel halbieren und in Scheiben, Paprika in Streifen schneiden. Stielansätze der Tomaten entfernen. Tomaten kurz überbrühen, häuten und achteln.

Mett in 1 EL Öl bei starker Hitze kräftig anbraten, herausnehmen. Gemüse (außer Tomaten) im übrigen Öl bei schwacher Hitze andünsten. Brühe angießen, Tomaten, Mett und Thymian hinzufügen, mit Salz und Pfeffer würzen. Alles zugedeckt 10 Min. bei mittlerer Hitze schmoren. Den Dill waschen und hacken. Das Gericht auf vier Teller verteilen und mit Dill garnieren. Saure Sahne dazu servieren.

Gemüsetopf mit Mais

Zutaten für 4 Personen:

750 g kleine, feste Zucchini
350 g grüne Bohnen
2 große Maiskolben (Zuckermais)
Salz
750 g reife Tomaten
3 Zwiebeln
2 Knoblauchzehen
1–2 frische grüne Chilischoten
2 EL Erdnußöl
2 EL Tomatenmark
schwarzer Pfeffer
1 Prise getrockneter Oregano

Zubereitungszeit: 1 Std.
Pro Portion etwa:
810 kJ / 190 kcal
8 g EW / 6 g F / 21 g KH

Vegetarisch

Die Zucchini waschen, putzen und in fingerdicke Scheiben schneiden. Die Bohnen waschen, putzen und in der Mitte durchbrechen.

Die Maiskolben von den Blättern und Fasern befreien und in Salzwasser 15 Min. kochen. Die Stielansätze der Tomaten entfernen. Tomaten kurz überbrühen, häuten, halbieren und würfeln.

Die Zwiebeln und den Knoblauch fein würfeln. Chilischoten längs aufschneiden, unter fließendem Wasser von den Kernen befreien, fein hacken. Maiskolben abtropfen lassen und in etwa 2 cm dicke Scheiben schneiden.

Das Öl erhitzen. Zwiebel- und Knoblauchwürfel darin unter Rühren bei schwacher Hitze andünsten. Zucchini, Bohnen und gehackte Chilischoten dazugeben und alles bei mittlerer Hitze andünsten. Die Tomatenwürfel, Mais, Tomatenmark, Salz, Pfeffer und Oregano dazugeben. Den Gemüsetopf bei schwacher Hitze 20–30 Min. schmoren lassen. Nach Bedarf etwas Wasser angießen.

Dazu paßt Reis oder Baguette.

Der Tip vom Profi

!

Zuckermais verliert nach der Ernte relativ rasch an Zucker, der in Stärke umgewandelt wird. Achten Sie deshalb darauf, daß Sie wirklich frischen Mais bekommen. Falls die Kolben mit Blättern angeboten werden: Die Blätter müssen noch kräftig aussehen, dürfen nicht welk sein. Braune Büschelfäden am Ende der Kolben sind dagegen kein schlechtes Zeichen, sie weisen vielmehr darauf hin, daß der Mais wirklich reif ist. Kolben ohne Hüllblätter müssen pralle und glänzende Körner haben.
Damit man die Kolben gut halten kann, gibt es im Handel besondere Spießchen. Die sind auch für dieses Gericht gut zu brauchen.
Übrigens: So verlockend die Maiskolben auf dem Feld auch aussehen – lassen Sie sie stehen. Es handelt sich hier fast immer um Futtermais und die Felder sind in der Regel so überdüngt, daß Sie sich mit diesem Mais nichts Gutes tun.

Zutaten für 4–6 Personen:

500 g Couscous (vorgekocht)
Salz · 2 EL Butter
2 Möhren
1 kleine Aubergine
1 Zucchino
300 g Zuckerschoten oder breite grüne Bohnen
1 frische rote Chilischote
1,5 kg reife Tomaten
4 EL Olivenöl
2 Zwiebeln
2 Knoblauchzehen
2 EL Rosinen
6 EL Gemüse- oder Fleischbrühe
1 TL Kreuzkümmel
2 TL Paprika, edelsüß
Pfeffer
1–2 TL Harissa (Chilipaste)
250 g gegarte Kichererbsen (aus der Dose)
6 Hähnchenbrustfilets
1 EL Butterschmalz

Zubereitungszeit: 1 Std.
Bei 6 Personen pro Portion etwa: 3100 kJ / 740 kcal
54 g EW / 15 g F / 93 g KH

Für Gäste

Gemüse-Couscous mit Hähnchen

Pro Tasse Couscous 1 Tasse kochendes Salzwasser darüber gießen. 5 Min. quellen lassen. Mit Butterflocken mischen und im Backofen zugedeckt bei 70° warm halten.

Gemüse waschen, schälen oder putzen. Die Chilischote längs aufschneiden, waschen und entkernen. Mit Möhren, Zucchino und Aubergine klein würfeln. Die Zuckerschoten halbieren. Stielansätze der Tomaten entfernen. Tomaten kurz überbrühen, häuten und knapp die Hälfte davon pürieren.

Gemüsewürfel in 2 EL Öl anbraten. 5–8 Min. bei schwacher Hitze dünsten, herausnehmen. Die ganzen Tomaten kleinschneiden, Zwiebeln fein würfeln. Beides mit dem durchgepreßten Knoblauch bei starker Hitze in 1 EL Öl 5–6 Min. anbraten. Das Gemüse wieder hinzufügen und 5 Min. zugedeckt schmoren.

Die pürierten Tomaten mit Rosinen, Brühe, Kreuzkümmel und Paprikapulver bei mittlerer Hitze 10 Min. offen kochen lassen. Mit Salz, Pfeffer und Harissa pikant abschmecken. Kichererbsen in der Dosenflüssigkeit erwärmen. Das Hähnchenfleisch in 1 cm breite Streifen schneiden. Salzen, pfeffern und im Butterschmalz bei starker Hitze 5–6 Min. braten.

Den Couscous anrichten. In die Mitte eine Vertiefung drücken. Das Gemüse mit den Kichererbsen hineingeben. Das Fleisch darauf verteilen, mit wenig Sauce beträufeln. Die restliche Sauce getrennt dazu servieren.

Zum Couscous schmeckt Bier am besten.

Zutaten für 4 Personen:

- 100 g gemischte Kräuter (z. B. Petersilie, Basilikum, Kerbel)
- 1 Knoblauchzehe
- 2 EL Zitronensaft
- 50 g Sonnenblumenkerne
- 50 g frisch geriebener Parmesan
- 1/8 l Olivenöl · Salz
- schwarzer Pfeffer
- 300 g zarte Möhren
- 1 Kohlrabi (etwa 300 g)
- 300 g Zucchini
- 200 g Zuckerschoten
- 150 g gekochter Schinken
- 50 g Butter
- 1/8 l Gemüsebrühe
- 250 g breite Bandnudeln

Zubereitungszeit: 1 Std.
Pro Portion etwa:
3600 kJ / 860 kcal
27 g EW / 58 g F / 55 g KH

Gelingt leicht

Gemüsenudeln mit Kräutersauce

Kräuter waschen und hacken. Mit dem Knoblauch, Zitronensaft, Sonnenblumenkernen und 25 g Parmesan pürieren, Öl unterschlagen, alles mit Salz und Pfeffer würzen.

Die Möhren waschen und dünn schälen, den Kohlrabi schälen. Die Zucchini und die Zuckerschoten waschen und putzen. Möhren, Kohlrabi, Zucchini und Schinken in nudelbreite Streifen schneiden.

Möhren und Kohlrabi in der Butter 5 Min. bei schwacher Hitze dünsten. Zucchini und Zuckerschoten hinzufügen und 5 Min. mitdünsten. Brühe angießen, alles salzen, pfeffern und warm halten.

Nudeln in Salzwasser bißfest garen. Abgießen, mit Gemüse und Schinken mischen. Mit der Kräutersauce und dem übrigen Käse anrichten.

Dazu schmeckt ein kräftiger trockener Weißwein, vorzugsweise aus Italien oder Frankreich.

Frühlingsgemüse mit Filetsteaks

Die Kohlrabi waschen, schälen und längs achteln. Die Stücke nach Belieben noch olivenförmig zurechtschnitzen (tournieren, siehe auch S. 37). Die Pilze putzen. Die Kirschtomaten überbrühen und häuten. Die Möhren unter fließendem Wasser gründlich bürsten und putzen, dabei ein Stückchen vom Grün daranlassen. Den Spargel waschen, das untere Drittel schälen.

Den Gemüse- oder Kalbsfond mit der gleichen Menge Wasser verrühren und aufkochen. Die Möhren 5 Min. darin bei mittlerer Hitze garen. Dann Kohlrabi und Pilze dazugeben und weitere 5 Min. garen. Den Spargel dazugeben, nach weiteren 2 Min. Kochzeit die Tomaten. Alles einmal aufkochen lassen. Das Gemüse herausnehmen und mit etwas Brühe übergossen warm halten.

Die Filetsteaks in die siedende Brühe legen. Bei schwacher bis mittlerer Hitze 10–15 Min. pochieren, das heißt unter dem Siedepunkt garen. Herausnehmen, salzen, pfeffern. Das Gemüse in tiefen Tellern verteilen. Die Filetsteaks darauf geben, mit der Kräuterbutter in Scheiben belegen und servieren.

Zutaten für 4 Personen:

- 2 Kohlrabi
- 200 g Egerlinge oder Shiitake-Pilze
- 250 g Kirschtomaten
- 1 Bund junge Möhren mit Grün
- 250 g grüner Spargel
- 400 ml Gemüse- oder Kalbsfond (aus dem Glas)
- 4 dicke Rinderfiletsteaks, je etwa 180 g
- Salz · Pfeffer
- 40 g Kräuterbutter

Zubereitungszeit: 1 1/4 Std.
Pro Portion etwa:
1500 kJ / 360 kcal
44 g EW / 16 g F / 11 g KH

Für Gäste

Zutaten für 4 Personen:

- 250 g getrocknete Kichererbsen
- 200 g mehligkochende Kartoffeln
- 3 Zwiebeln
- 5 Knoblauchzehen
- 10 EL Olivenöl
- 2 Eier
- je 1 TL getrocknete Pfefferminze, Salbei, Thymian und Oregano
- Salz
- 2 kleine, getrocknete rote Chilischoten
- 2 Salatgurken
- 1 Zweig Selleriegrün
- 600 g reife Tomaten
- 2 EL Tomatenmark
- 3 EL Kapern
- schwarzer Pfeffer
- 2 Zitronen

Zubereitungszeit: 2 1/2 Std. (+ 12 Std. Quellzeit)
Pro Portion etwa:
2000 kJ / 470 kcal
21 g EW / 21 g F / 50 g KH

Vegetarisch

Kichererbsenplätzchen mit Gurkengemüse

Die Kichererbsen in kaltem Wasser über Nacht einweichen. Am nächsten Tag zugedeckt bei mittlerer Hitze im Einweichwasser 1 1/2 Std. garen. Die Kartoffeln waschen, schälen, würfeln und während der letzten 15 Min. Garzeit zu den Kichererbsen geben.

1 Zwiebel und 2 Knoblauchzehen sehr fein würfeln, in 1 EL Öl bei schwacher Hitze glasig dünsten. Die Kartoffeln und Kichererbsen abgießen und glatt zerstampfen. Zwiebel- und Knoblauchwürfel sowie die Eier dazugeben. Kräuter, Salz und Chilischoten in einem Mörser zerreiben, unterrühren. Die Masse 15 Min. quellen lassen.

Salatgurken schälen, längs vierteln und in grobe Stücke schneiden. Selleriegrün waschen und hacken. Die Tomaten waschen und in Stücke schneiden. Restliche Zwiebeln und übrigen Knoblauch grob würfeln und in 3 EL Olivenöl bei schwacher Hitze andünsten. Salatgurken dazugeben und kurz mitbraten. Selleriegrün, Tomaten, Tomatenmark und Kapern dazugeben, salzen und pfeffern. Alles 20 Min. zugedeckt bei schwacher Hitze schmoren.

Das Kichererbsenpüree zu 16 tischtennisballgroßen Kugeln formen. Diese etwas flachdrücken und im restlichen heißen Olivenöl bei mittlerer Hitze 5 Min. pro Seite braten. Mit dem Gemüse anrichten, mit Zitronenachteln garniert servieren.

Tip: Die Kichererbsenplätzchen sind eine Spezialität von der griechischen Insel Sifnos, wo sie auch mit Tzatziki als Vorspeise serviert werden.

Dazu paßt ein trockener griechischer Weißwein, zum Beispiel ein Retsina.

Zutaten für 4 Personen:

- 200 g Zwiebeln
- 1 EL Butter
- 850 ml Gemüsebrühe
- 200 g Grünkernmehl
- 100 g Weizenvollkornmehl
- 2 Eier
- etwa 5 EL Semmelbrösel
- 2 Knoblauchzehen
- 1 frische rote Chilischote
- 2 rote Paprikaschoten
- 1 EL Olivenöl
- 4 EL Sahne
- 2 EL Tomatenmark
- 200 g Mungobohnensprossen
- 1 EL Dillspitzen

Zubereitungszeit: 45 Min.
Pro Portion etwa:
2000 kJ / 480 kcal
18 g EW / 14 g F / 73 g KH

Vegetarisch

Grünkernklöße auf Paprikasauce

Die Zwiebeln fein würfeln, die Hälfte davon in der Butter bei schwacher Hitze andünsten. 600 ml Brühe angießen, aufkochen lassen. Beide Mehlsorten auf einmal in die kochende Brühe geben, kräftig rühren, bis sich die Masse vom Topfboden löst. Topf von der Kochstelle nehmen. Die Eier und so viel Semmelbrösel untermengen, bis ein fester Teig entstanden ist. Kurz quellen lassen.

Knoblauch hacken. Chilischote waschen, längs aufschneiden, unter fließendem Wasser von den Kernen befreien und fein hacken. Paprikaschoten waschen, halbieren, putzen und klein würfeln.

Knoblauch mit den restlichen Zwiebeln im Olivenöl bei mittlerer Hitze anbraten. Gewürfelte Chili- und Paprikaschoten dazugeben und alles bei schwacher Hitze andünsten. Restliche Brühe angießen. Sahne und Tomatenmark einrühren, Sprossen darin erhitzen, warm halten.

Reichlich Wasser zum Kochen bringen. Mit zwei Eßlöffeln aus der Grünkernmasse etwa 12 Nocken formen. Diese in kochendem Wasser 15 Min. bei schwacher Hitze ziehen lassen. Die Paprikasauce auf vier Teller verteilen. Grünkernklöße aus dem Wasser heben, auf die Sauce geben und mit dem Dill bestreut servieren.

Variante:
Grünkernklöße mit Tomatensauce

Dafür von 500 g Tomaten die Stielansätze entfernen. Tomaten kurz überbrühen, häuten und entkernen. Statt der Paprikaschoten zu den Zwiebeln und dem Knoblauch geben. Die Sauce mit italienischer Kräutermischung würzen.

Gut dazu schmeckt ein leichter trockener Rotwein, z. B. Südtiroler Edelvernatsch.

Zutaten für 4 Personen:

800 g grüne Bohnen
2 Knoblauchzehen
1 EL Olivenöl
je 1 EL frisch gehacktes Basilikum und Petersilie
4 EL trockener Weißwein oder Gemüsebrühe
4 reife Tomaten
Meersalz
Pfeffer

Zubereitungszeit: 1 Std.
Pro Portion etwa:
490 kJ / 120 kcal
6 g EW / 3 g F / 15 g KH

Vollwertig

Italienische Grüne-Bohnen-Pfanne

Die Bohnen waschen und putzen. Den Knoblauch würfeln. Das Öl erhitzen. Den Knoblauch, das Basilikum und die Petersilie einrühren. Wein oder Brühe dazugießen, bei mittlerer Hitze einkochen lassen.

Die Tomaten waschen, würfeln und hinzufügen. Alles salzen, pfeffern und bei schwacher Hitze 10 Min. garen. Die Bohnen untermischen, zugedeckt in der Sauce 15–20 Min. garen.

Würzige Peperonata

Paprika und Aubergine waschen und abtrocknen. Die Paprikaschoten halbieren, putzen und in Streifen schneiden. Die Aubergine in 1 cm dicke Würfel, die getrockneten Tomaten kleinschneiden. Die frischen Tomaten waschen, von den Stielansätzen befreien und pürieren. Die Zwiebeln in reichlich Wasser bei mittlerer Hitze 5 Min. kochen; dann abgießen.

In einer Pfanne das Öl erhitzen. Paprika, Aubergine und getrocknete Tomaten darin bei schwacher Hitze andünsten, dann 15 Min. zugedeckt garen. Durchgepreßte Knoblauchzehe, Tomatenpüree und Zwiebeln hinzufügen und mit Salz und Pfeffer würzen. Offen 15 Min. bei mittlerer Hitze einkochen lassen. Mit Essig und Sojasauce abschmecken. Die Peperonata auf Tellern anrichten und mit Olivenmus und Käse garnieren.

Dazu schmecken Reis oder Kartoffeln.

Zutaten für 4 Personen:

je 400 g gelbe und rote Paprikaschoten
1 schlanke Aubergine
2 getrocknete, in Öl eingelegte Tomaten · 500 g Eiertomaten
500 g kleine runde Zwiebeln
4 EL Olivenöl
1 Knoblauchzehe
Meersalz · Pfeffer
1 EL Aceto balsamico
1 EL Sojasauce
1 EL Olivenmus (aus dem Glas)
2 EL zerbröckelter Schafkäse

Zubereitungszeit: 45 Min.
Pro Portion etwa:
950 kJ / 230 kcal
8 g EW / 12 g F / 23 g KH

Vollwertig

Gemüseragout lemonato

Zutaten für 4 Personen:
200 g Petersilienwurzeln
800 g Möhren
200 g Spinat
4 Frühlingszwiebeln
2 Schalotten
4 EL Olivenöl
1 Lorbeerblatt
400 g Egerlinge
1/2 l heiße Gemüsebrühe
Meersalz
Pfeffer
4 EL Zitronensaft
2 g Johannisbrotkernmehl (Reformhaus; entspr. 2 Meßl., der beiliegt, oder etwa 1/2 TL)
1 EL frisch gehackte Petersilie

Zubereitungszeit: 30 Min.
Pro Portion etwa:
820 kJ / 200 kcal
8 g EW / 10 g F / 16 g KH

Vollwertig

Die Petersilienwurzeln, die Möhren, den Spinat und die Frühlingszwiebeln waschen und putzen. Die Petersilienwurzeln und die Möhren schälen und in etwa 4 cm lange Stifte schneiden. Die Schalotten und die Frühlingszwiebeln kleinschneiden.

Das Öl in einem Topf erhitzen und die Zwiebeln sowie das zerkleinerte Gemüse hineingeben. Alles bei mittlerer Hitze 3 Min. dünsten, das Lorbeerblatt hinzufügen.

Die Egerlinge putzen und in Scheiben, den Spinat in größere Streifen schneiden. Beides in den Topf geben und 5 Min. mitgaren. Dann mit der Brühe aufgießen, salzen und pfeffern und alles zugedeckt 4 Min. bei mittlerer Hitze garen.

2 EL Zitronensaft mit dem Johannisbrotkernmehl verrühren und unter das Gemüse rühren. Das Gemüseragout einmal aufkochen, mit der Petersilie bestreuen und mit dem restlichen Zitronensaft beträufeln.

Das besondere Rezept

Ausgewogen kombinierte Gemüsesorten – die es übrigens das ganze Jahr über in guter Qualität zu kaufen gibt –, abgeschmeckt mit Zitronensaft und Petersilie, sind ein gesundes Essen für die ganze Familie. Denn Vitamin-C-haltige Lebensmittel wie eben Zitronensaft und Petersilie liefern nicht nur das wichtige Vitamin, sondern hemmen auch die Bildung von Nitrosaminen, die sich gerade beim Garen von nitratreichem Gemüse wie Spinat bilden können. Zu dem fett- und kalorienarmen Essen schmeckt am besten körnig gegarter Reis.

Spinat-Pastete mit Sesam-Joghurtsauce

Zutaten für 4 Personen:

- 250 g Mehl
- 1 Ei · Salz
- 2 TL Öl
- 1 TL Essig
- 750 g Blattspinat
- 3 Zwiebeln
- 2 Knoblauchzehen
- 6 EL Butter
- 75 g Walnußkerne
- 3 EL Sahne
- je 1/2 TL gemahlener Piment, Zimt und Muskatblüte
- Pfeffer
- 1 Eigelb
- 4 EL Sesamsamen
- 2 EL Sonnenblumenöl
- 500 g Vollmilchjoghurt
- 1 EL Zitronensaft
- Mehl zum Ausrollen
- Backpapier für das Blech

Zubereitungszeit: 1 3/4 Std.
Pro Portion etwa:
3400 kJ / 810 kcal
22 g EW / 53 g F / 64 g KH

Vegetarisch

Dazu paßt trockener Weißwein oder Ayran, das ist mit Wasser verdünnter Joghurt.

Das Mehl mit dem Ei, 1 TL Salz, 1 TL Öl, dem Essig und 6–8 EL Wasser zu einem glatten, glänzenden Teig verkneten. Diesen mit 1 TL Öl bepinseln, in Folie packen und 40 Min. ruhen lassen.

Den Spinat mehrmals gründlich waschen, Stiele entfernen. Den Spinat tropfnaß in einem Topf bei starker Hitze zugedeckt in 3 Min. zusammenfallen lassen. In einem Sieb abtropfen lassen, fest ausdrücken und grob hacken.

Die Zwiebeln und den Knoblauch fein würfeln. In 2 EL heißer Butter bei mittlerer Hitze hellbraun dünsten. Inzwischen die Walnußkerne grob hacken. Zwiebeln und Nüsse mit Spinat, Sahne, Piment, Zimt und Muskatblüte mischen, salzen und pfeffern.

Das Backblech mit Backpapier auslegen. Den Backofen auf 220° vorheizen. Die restliche Butter zerlassen. Den Teig halbieren, jede Hälfte auf einer bemehlten Arbeitsfläche hauchdünn ausrollen. Eine Teigplatte mit etwas zerlassener Butter bestreichen, die andere darauf legen, mit Butter bestreichen, zusammenklappen und zu einem Quadrat (40×40 cm) ausrollen. Die Ränder mit etwas verquirltem Eigelb bestreichen. Das Teigquadrat auf das Blech legen.

Die Füllung in die Mitte des Teiges geben. Die Ecken der Teigplatten zur Mitte hin klappen und fest zusammendrücken. Dabei eine kleine Öffnung lassen, damit der Dampf beim Garen entweichen kann. Die Oberfläche der Pastete mit dem restlichen verquirlten Eigelb bestreichen. Die Pastete im Ofen (Mitte, Umluft 200°) 30 Min. backen.

Für die Sauce die Sesamsamen in einer trockenen Pfanne hellbraun rösten. Dann im Mörser mit 1 TL Salz zerstampfen und mit dem Sonnenblumenöl verrühren. Unter den Joghurt quirlen. Mit Salz, Pfeffer und Zitronensaft abschmecken. Kalt zur warmen Pastete servieren.

Variante:
Entenstrudel

350 g Entenfleisch (ohne Haut) in feine Streifen schneiden und in Erdnußöl anbraten. 1 Bund Frühlingszwiebeln, 2 Möhren und 2 grüne Paprikaschoten putzen, waschen und in feine Streifen schneiden. Dazugeben, mit Sambal manis und Sojasauce würzen. Den Teig mit der Füllung belegen und wie einen Strudel aufrollen. Mit Sahne bestrichen im Ofen 45 Min. bei 180° (Mitte, Umluft 160°) backen. Dabei immer wieder mit Sahne bepinseln.

Den Spinat mit den Händen gut ausdrücken, dann mit einem großen Messer hacken.

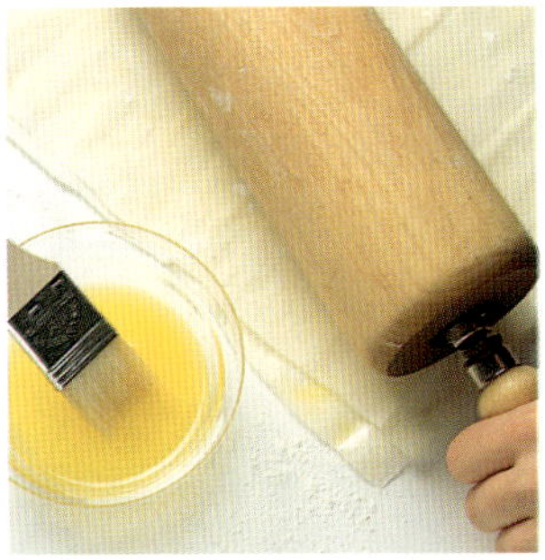

Damit der Teig beim Backen blättrig wird, die Schichten mit zerlassener Butter bestreichen.

Die Füllung in die Mitte des Teigquadrats geben und jeweils zwei gegenüberliegende Seiten darüber schließen.

Der Tip vom Profi !

In türkischen und griechischen Lebensmittelgeschäften gibt es einen Teig zu kaufen, den Sie gut statt des selbstgemachten nehmen können. Beim Griechen heißt der Teig Fillo, beim Türken Yufka. Er ist bereits hauchdünn ausgerollt und luftdicht verpackt – allerdings meist in relativ großen Mengen. Den Teig, den Sie nicht brauchen, können Sie portionsweise einfrieren und bei Bedarf auftauen.
Ebenfalls geeignet ist Strudelteig, den es im Supermarkt im Kühlregal in 100-g-Packungen zu kaufen gibt.

Zutaten für 4 Personen:

2 große Zucchini
Salz
4 große Tomaten
2 TL Reis
1 große Zwiebel
200 g Hackfleisch (Rind, Schwein oder Lamm, evtl. gemischt)
4 EL Olivenöl
2 Knoblauchzehen
2 EL frisch gehacktes Basilikum
Pfeffer
100 g gekochter Schinken
2 EL frisch geriebener Parmesan
2 Eier
4 EL Semmelbrösel
1–2 EL Fleischbrühe
Öl für die Form

Zubereitungszeit: 1 Std. 10 Min.
Pro Portion etwa:
1700 kJ / 400 kcal
25 g EW / 27 g F / 18 g KH

Läßt sich gut vorbereiten

Gefüllte Gemüse à la provençale

Die Zucchini waschen, quer in 8 gleich große, 3–4 cm lange Stücke schneiden. Jedes Stück etwas aushöhlen. Darauf achten, daß ein Boden von etwa 1 cm Dicke stehenbleibt. Zucchini 5 Min. in kochendem Salzwasser blanchieren, abschrecken. Tomaten waschen, halbieren, aushöhlen und mit je 1/2 TL Reis und etwas Salz bestreuen. Die rohen Reiskörner in den Tomaten saugen den Saft auf.

Die Zwiebel fein würfeln und mit dem Fleisch in 2 EL Öl bei mittlerer Hitze anbraten. Den Knoblauch hacken. Das Basilikum, den Knoblauch, Salz und Pfeffer zum Fleisch geben. 5 Min. bei schwacher Hitze dünsten, in eine Schüssel geben. Den Schinken würfeln und mit dem Parmesan und den verquirlten Eiern unter das Fleisch mischen.

Eine Auflaufform mit Öl ausstreichen. Den Backofen auf 190° vorheizen. Gemüse in die Form stellen. Mit der Fleischmasse füllen. Mit den Semmelbröseln bestreuen und mit dem restlichen Öl beträufeln. Die Fleischbrühe dazugießen. 35 Min. im Ofen (Mitte, Umluft 170°) überbacken.

Tip: Ein ideales Essen für Gäste, denn es läßt sich wunderbar vorbereiten. Schieben Sie es in den Ofen, während Sie sich die Vorspeise schmecken lassen.
Wenn Sie bei den Kräutern Abwechslung suchen: typisch für die Provence sind außer Lavendel (der übrigens frisch in kleinen Mengen sehr gut als Würze für Gemüse schmeckt) Basilikum, Thymian und Petersilie.

Dazu schmeckt ein roter Côtes de Provence.

Zutaten für 4 Personen:

- 700 g Eiertomaten
- 1 Schalotte
- 1 Knoblauchzehe
- 6 EL Olivenöl
- Meersalz
- Pfeffer
- 1 EL frisch gehacktes Basilikum
- 200 g Zwiebeln
- 600 g Auberginen
- 600 g Zucchini
- 1 EL frisch gehackter Rosmarin
- 1 TL Thymianblättchen
- 3 EL Parmesan
- Öl für die Form

Zubereitungszeit: 1 1/4 Std. (+ 1 Std. Backzeit)
Pro Portion etwa: 1000 kJ / 240 kcal
10 g EW / 15 g F / 16 g KH

Vollwertig

Auberginen-Zucchini-Gratin

Die Tomaten waschen und von den Stielansätzen befreien. Die Hälfte davon überbrühen, häuten und würfeln. Die Schalotte und den Knoblauch fein würfeln und mit 1 EL Öl in einer Pfanne bei schwacher Hitze glasig dünsten. Tomatenwürfel mit Salz, Pfeffer und Basilikum darin bei schwacher Hitze offen 15 Min. garen.

Den Backofen auf 180° vorheizen. Die Zwiebeln kleinschneiden und in einer Pfanne in 1 EL Öl glasig dünsten, vom Herd nehmen. Die Auberginen und Zucchini waschen und mit den restlichen Tomaten in etwa 1/2 cm dicke Scheiben schneiden. Eine Grillpfanne mit Öl bepinseln und die Auberginen und Zucchini bei mittlerer Hitze von jeder Seite 2–3 Min. braten.

Eine Auflaufform mit Öl ausstreichen. Zwiebeln und Sauce einfüllen. Darauf je eine Lage Auberginen, Tomaten und Zucchini geben. Jeweils salzen, pfeffern, mit Kräutern bestreuen und mit Öl beträufeln. Mit Käse bestreut im Ofen (Mitte, Umluft 160°) 1 Std. backen.

Persischer Gemüseauflauf

Den Backofen auf 180° vorheizen. Den Reis waschen und in der zweieinhalbfachen Menge Salzwasser aufkochen. 20 Min. bei mittlerer Hitze zugedeckt garen.

Währenddessen die Kartoffeln waschen, abtrocknen und in etwa 1 cm große Würfel, die Champignons putzen und in Scheiben schneiden. Die Zwiebel würfeln. Das Olivenöl in einer Pfanne erhitzen und die zerkleinerten Zutaten darin 10 Min. bei schwacher Hitze dünsten.

Eine Auflaufform oder Portionsförmchen fetten. Die Tomaten waschen, von den Stielansätzen befreien, würfeln und unter das Gemüse mischen, salzen und pfeffern. Zuerst den Reis, dann das Gemüse in die Form oder Förmchen geben und mit dem zerbröckelten Käse bestreuen. Den Knoblauch pressen und mit der Petersilie oder dem Koriander, den Eigelben, der Milch, der Sahne und Salz verrühren. Über dem Auflauf verteilen. Im Ofen (Mitte, Umluft 160°) 40 Min. backen.

Zutaten für 4 Personen:

- 75 g Camargue-Rundkornreis
- Meersalz · 600 g mehligkochende Kartoffeln
- 300 g Champignons
- 1 rote Zwiebel
- 1 EL Olivenöl
- 2 Eiertomaten · Pfeffer
- 100 g milder Schafkäse
- 1 Knoblauchzehe
- 4 EL frisch gehackte Petersilie oder Koriandergrün · 2 Eigelb
- 4 EL Milch · 4 EL Sahne
- Öl für die Form

Zubereitungszeit: 1 Std. 10 Min.
Pro Portion etwa: 1400 kJ / 330 kcal
13 g EW / 14 g F / 37 g KH

Vollwertig

Zutaten für 4 Personen:

Für das Soufflé:
800 g Fenchelknollen · Salz
1 Schalotte
3 EL Butter · 2 EL Mehl
150 ml Milch
1/2 rote Paprikaschote
2 kleine Eigelb
1 TL Pernod (nach Belieben)
1 TL Fenchelsamen
4 Eiweiß · Pfeffer
Für die Sauce:
400 ml Orangensaft
1 EL abgeriebene Schale von 1 unbehandelten Orange
1 EL Zucker
200 ml Gemüsebrühe
2 EL Orangenlikör
3 EL Campari Bitter
1 TL Speisestärke
Salz · 1 Prise Cayennepfeffer
3 EL eiskalte Butter
4 Souffléförmchen von je 200 – 250 g Inhalt
Butter für die Förmchen

Zubereitungszeit: 1 3/4 Std.
Pro Portion etwa:
1300 kJ / 310 kcal
13 g EW / 13 g F / 30 g KH

Für Gäste

Fenchelsoufflé mit Orangensauce

Den Fenchel waschen, putzen und grob zerkleinern. Etwas Fenchelgrün zum Garnieren beiseite stellen. Den Fenchel in einem Topf mit Salzwasser bedeckt in 20 – 25 Min. bei mittlerer Hitze weich garen. Abgießen, abtropfen lassen und pürieren.

Die Schalotte fein würfeln und in der Butter bei schwacher Hitze glasig dünsten. Das Mehl 2 – 3 Min. mitdünsten. Die Milch unter Rühren dazugießen, aufkochen lassen und 5 Min. bei mittlerer Hitze kochen.

Den Backofen auf 200° vorheizen. Die Paprikahälfte waschen, putzen und fein würfeln. Die Eigelbe mit dem Pernod (nach Belieben), der hellen Sauce, den Fenchelsamen, den Paprikawürfeln und dem Fenchelpüree mischen. Die Eiweiße mit 1 Prise Salz steif schlagen. Unter das Püree ziehen. Mit Salz und Pfeffer nachwürzen. Die Souffléförmchen fetten und die Masse einfüllen. Im Ofen (unten, Umluft 180°) 30 – 35 Min. backen.

Inzwischen für die Sauce den Orangensaft mit der -schale, dem Zucker, der Brühe, dem Likör und dem Campari sowie der Speisestärke in einem Topf gründlich verrühren und 10 Min. offen köcheln lassen. Mit Salz und Cayennepfeffer würzen. Dann die Butter flockenweise unterrühren, und die Sauce warm halten. Die Soufflés auf Teller stürzen, mit der Sauce umgießen und mit etwas Fenchelgrün garnieren. Oder die Soufflés in den Förmchen servieren, die Sauce extra dazu reichen.

Dazu paßt ein fruchtiger Weißwein, zum Beispiel ein Burgunder.

Zutaten für 4 Personen:

750 g Okraschoten
75 g Butter
2 Zwiebeln
2 Knoblauchzehen
1 TL schwarze Pfefferkörner
1 TL Korianderkörner
1/2 TL Kreuzkümmel
1/2 TL getrockneter Thymian
500 g Rinder- oder Lammhack
90 g Tomatenmark
Salz
400 ml Rinder- oder Gemüsefond
1 Zitrone
Butter für die Form

Zubereitungszeit: 45 Min. (+ 1 Std. Backzeit)
Pro Portion etwa: 2000 kJ / 480 kcal
33 g EW / 34 g F / 10 g KH

Läßt sich gut vorbereiten

Okragratin mit Hackfleisch

Okraschoten waschen, abreiben, die Stielansätze knapp abschneiden, ohne dabei die Frucht zu verletzen. Die Schoten in einem Drittel der Butter bei schwacher Hitze 10 Min. dünsten, herausnehmen.

Zwiebeln und Knoblauch fein würfeln. Die Gewürze im Mörser zerreiben.

Ein weiteres Drittel der Butter erhitzen. Hackfleisch, Zwiebeln und Knoblauch bei mittlerer Hitze darin anbraten. Tomatenmark, Salz, die zerriebenen Gewürze und 100 ml Brühe dazugeben und alles 10 Min. schmoren lassen.

Backofen auf 200° vorheizen. Eine Auflaufform buttern, ein Drittel der Hackfleischmasse einfüllen. Okras (einige zurückbehalten) darauf legen. Das restliche Hack darauf verteilen und den Gratin mit der restlichen Brühe begießen. Die zurückbehaltenen Okraschoten darauf verteilen, mit der restlichen Butter in Flöckchen belegen. Form mit Alufolie verschließen. Okragratin im Ofen (Mitte, Umluft 180°) 1 Std. backen. Mit Zitronenspalten garniert servieren.

Servieren Sie dazu einen trockenen fruchtig-würzigen Rotwein.

Variante:
Gratin mit Zucchini und Hähnchenbrustfilet

Statt der Okraschoten 750 g Zucchini waschen, in Stifte schneiden und bei schwacher Hitze in Butter andünsten. Statt des Hackfleischs etwa 500 g Hähnchenbrustfilet in Streifen schneiden und mit den gewürfelten Zwiebeln und dem Knoblauch anbraten. Die restlichen Zutaten wie beschrieben hinzufügen und nach dem Rezept wie oben beschrieben fortfahren.

Indisches Kürbis-Curry

Zutaten für 4 Personen:

1 kleiner Kürbis (etwa 1 kg)
2 Zwiebeln · 2 Knoblauchzehen
2 EL Erdnußöl
2 EL Garam masala oder Currypulver
1 EL frisch gehackter Ingwer
300 ml Hühnerbrühe
150 g Joghurt
1 TL Speisestärke
2 Frühlingszwiebeln
250 g geschälte, gegarte Shrimps
Salz

Zubereitungszeit: 40 Min.
Pro Portion etwa:
730 kJ / 170 kcal
3 g EW / 4 g F / 14 g KH

Für Gäste

Kürbis halbieren, Kerne entfernen. Fruchtfleisch mit einem Kugelausstecher ausstechen. Zwiebeln in Streifen, Knoblauch in Scheibchen schneiden und im Öl bei mittlerer Hitze andünsten. Kürbis hinzufügen und kurz andünsten. Garam masala oder Currypulver und Ingwer dazugeben, Brühe angießen und alles 10 Min. offen garen.

Den Joghurt mit der Speisestärke verrühren. Die Frühlingszwiebeln waschen, in Scheibchen schneiden. Joghurt unters Curry rühren, Shrimps dazugeben und alles 1 Min. erhitzen. Salzen und mit Frühlingszwiebeln bestreuen.

Gemüsepfanne mit Tintenfisch

Tintenfische in mundgerechte Stücke schneiden. Gemüse waschen und schälen oder putzen. Den Sellerie in Scheiben, die Möhren in Stifte, den Paprika in Streifen schneiden. Zwiebeln und Knoblauch fein würfeln. Stielansätze der Tomaten entfernen. Tomaten kurz überbrühen, häuten und grob hacken.

Tintenfische in 2 EL Öl bei schwacher Hitze 3 Min. andünsten, mit der Garflüssigkeit auf einen Teller geben. Zwiebeln und Knoblauch im übrigen Öl bei mittlerer Hitze andünsten. Gemüse (außer Tomaten) dazugeben und bei schwacher Hitze kurz dünsten. Mit Salz, Pfeffer und Kräutern der Provence würzen. Tomaten und Tintenfische mit der Garflüssigkeit hinzufügen, alles zugedeckt 10 Min. bei mittlerer Hitze schmoren. Petersilie waschen, hacken und untermischen.

Zutaten für 4 Personen:

600 g geputzte Tintenfische
4 Stangen Staudensellerie
3 Möhren (etwa 300 g)
1 große grüne Paprikaschote
2 Zwiebeln · 2 Knoblauchzehen
600 g Fleischtomaten
5 EL Olivenöl · Salz
schwarzer Pfeffer
2 TL Kräuter der Provence
1 Bund Petersilie

Zubereitungszeit: 50 Min.
Pro Portion etwa:
1100 kJ / 260 kcal
27 g EW / 12 g F / 15 g KH

Gelingt leicht

Möhrenmousse im Lauchmantel

Zutaten für 4 Personen:

600 g Möhren
250 g Sahne
6 Stangen Lauch
Salz · Pfeffer
8 Scheiben Räucherlachs
2 Schalotten
2 gelbe Paprikaschoten
1/2 TL Zucker
1/8 l Hühnerbrühe
1 Prise Cayennepfeffer
Butter für den Dämpfeinsatz

Zubereitungszeit: 1 Std.
Pro Portion etwa:
1400 kJ / 330 kcal
16 g EW / 25 g F / 11 g KH

Für Gäste

Die Möhren schälen, in Stücke schneiden und in wenig Salzwasser in 15 Min. weich kochen. Dann abtropfen lassen und im Mixer pürieren. Das Möhrenmus mit 8 EL Sahne gründlich verrühren.

Einen Dämpfeinsatz fetten. Den Lauch putzen und waschen, 2 Stangen längs halbieren und in einzelne Blätter teilen. Diese 1 Min. in kochendem Salzwasser blanchieren, abschrecken, abtrocknen und auf einem Stück Klarsichtfolie dicht aneinanderreihen.

Die restlichen Lauchstangen erst in feine Streifen, dann in Würfelchen schneiden und auf die Lauchblätter streuen. Salzen, pfeffern und den Räucherlachs darauf legen. Das Möhrenpüree darauf streichen und die Lauchblätter – von der Querseite her – mitsamt Füllung mit Hilfe der Folie zu einer Rolle aufrollen. Die Rolle in den Dämpfeinsatz legen.

Die Schalotten fein würfeln. Die Paprikaschoten waschen und kleinschneiden. Mit den Schalotten und dem Zucker bei schwacher Hitze kurz dünsten. Die Brühe und die restliche Sahne hinzufügen. 12 Min. bei mittlerer Hitze einkochen lassen. Dann im Mixer pürieren und mit Salz und Cayennepfeffer abschmecken.

Den Dämpfeinsatz mit der Lauchrolle in einen Topf mit kochendem Wasser stellen und die Rolle über Dampf 8–10 Min. garen. Dann in Scheiben schneiden und mit der Sauce anrichten.

Das besondere Rezept !

Um Gäste zu bewirten, muß ein Gericht gut vorzubereiten sein, aber vor allem auch hübsch aussehen. Die Möhrenmousse bietet beides: Die Lauchrolle können Sie komplett vorbereiten, die Sauce ebenfalls schon garen. Kurz vor dem Servieren dann die Rolle über Dampf garen und die Sauce nochmals bei schwacher Hitze erwärmen.
Zum Servieren die Lauchrolle möglichst schräg in Scheiben schneiden, so sieht sie besonders hübsch aus.

BEILAGEN

Zutaten für 4–6 Personen:

1 kg Kürbisfleisch ohne Kerne (1,4 kg ungeschält)
500 g Shiitake-Pilze oder Egerlinge
2 TL Korianderkörner
2 rote getrocknete Chilischoten
2 TL Kreuzkümmel
1 TL getrockneter Thymian
Salz · 50 g frischer Ingwer
2 Zwiebeln · 2 EL Butter
Saft von 2 Orangen
300 ml Gemüsebrühe
2 TL brauner Rohrzucker
4 EL Rotweinessig
2 EL frisch gehackte Petersilie
50 g Kürbiskerne

Zubereitungszeit: 45 Min.
Bei 6 Personen pro Portion etwa:
865 kJ / 205 kcal
7 g EW / 9 g F / 19 g KH

Für Gäste

Süß-pikantes Kürbisgemüse

Kürbisfleisch grob würfeln. Pilze putzen, von den Shiitake-Pilzen die Stiele abschneiden. Die Hüte halbieren. Gewürze mit Salz im Mörser zerstoßen. Ingwer schälen, in feine Streifen schneiden.

Zwiebeln in Ringe schneiden und in der Butter andünsten. Pilze dazugeben, unter Rühren anbräunen. Kürbisstücke unterrühren.

Die Gewürze und den Ingwer zum Gemüse geben. Orangensaft und Brühe angießen. Mit Zucker und Essig würzen und zugedeckt 10–15 Min. bei schwacher Hitze dünsten. Mit Petersilie und den Kürbiskernen bestreut servieren.

Paßt zu Lammkoteletts oder kleinen Frikadellen.

Spinat mit Cashews

Den Spinat putzen und waschen. Chillies und Kardamomkerne im Mörser zerstoßen.

Zwiebel und Knoblauch fein würfeln und bei schwacher Hitze im Schmalz andünsten. Cashewkerne und Spinat dazugeben, die Gewürze hinzufügen und alles 5 Min. dünsten.

Schmeckt zu Currygerichten, Fleisch und Geflügel.

Zutaten für 4 Personen:

800 g Blattspinat
2 getrocknete rote Chilischoten
2 Kardamomkapseln (nur die Kerne)
1 Zwiebel · 4 Knoblauchzehen
2 EL Butterschmalz
100 g Cashewnußkerne
Salz · schwarzer Pfeffer

Zubereitungszeit: 30 Min.
Pro Portion etwa:
1100 kJ / 260 kcal
10 g EW / 19 g F / 12 g KH

Vegetarisch

Essig-Gemüse Acar

Zutaten für 3 Gläser à etwa 600 ml:

150 g Erdnüsse in der Schale
250 g Broccoli · 200 g Weißkohl
2 Frühlingszwiebeln
250 g Möhren
250 g kleine Gärtner-Gurken
1 Mango (etwa 500 g)
je 2 rote und grüne Chilischoten
3 Zwiebeln · 3 Knoblauchzehen
5 EL Öl · 1 EL gemahlener Kurkuma
1 Zimtstange · 4 Gewürznelken
4 EL Zucker · 3 TL Salz
350 ml Essig

Zubereitungszeit: 1 1/2 Std.
Pro Glas etwa:
2800 kJ / 670 kcal
20 g EW / 39 g F / 56 g KH

Vegetarisch

Die Nüsse schälen und im Blitzhacker mahlen. Broccoli, Weißkohl und Frühlingszwiebeln waschen und putzen. Möhren und Gurken waschen und schälen. Alle Gemüse in etwa 1 cm große Stücke schneiden. Mango schälen, das Fruchtfleisch würfeln. Chillies waschen, längs aufschneiden, entkernen und in Stücke schneiden.

Zwiebeln und Knoblauch im Blitzhacker pürieren. Das Öl erhitzen und das Püree darin 2–3 Min. bei mittlerer Hitze andünsten. Nüsse, Kurkuma, die in Stücke gebrochene Zimtstange, Nelken, Zucker und Salz einrühren. Möhren und Chillies dazugeben, anbraten. Essig und 1/4 l Wasser angießen, 10 Min. bei mittlerer Hitze garen. Dann Broccoli, Weißkohl und Frühlingszwiebeln einrühren, 5 Min. garen. Gurken- und Mangowürfel untermischen, 5 Min. mitgaren.

Das Essig-Gemüse auf der ausgeschalteten Herdplatte 15 Min. abkühlen lassen. Dann in Gläser füllen und diese verschließen. Das Gemüse hält sich mindestens 2 Wochen im Kühlschrank.

Acar wird zu Currygerichten serviert, paßt aber auch zu kaltem Fleisch und Fischgerichten.

Das besondere Rezept !

Eine rein vegetarische Gemüsebeilage, die ihren Reiz durch exotische Gewürze bekommt. Chilischoten sorgen für eine angenehme Schärfe, Kurkuma – auch Gelbwurz genannt – wird aus einer ostasiatischen Wurzel hergestellt und bewirkt die appetitlich gelbe Farbe. Kurkuma gibt es bei uns nur gemahlen. Es ist ein wichtiger Bestandteil des Currypulvers. Zimt wird aus der Innenrinde des Zimtbaums gewonnen. Frisch gebrochene Stangen geben ein feines, nicht zu aufdringliches Aroma. Gewürznelken wachsen ebenfalls an Bäumen, sie sind die würzigen Blütenknospen eines immergrünen Ebenholzgewächses.
Das Essig-Gemüse ist übrigens – in hübsche Gläser gefüllt – ein interessantes Mitbringsel.

Zutaten für 4 Personen:

350 g möglichst kleine Okraschoten
2 mittelgroße Zwiebeln
2 Knoblauchzehen
2 frische grüne Chilischoten
350 g vollreife Tomaten
2 EL Butterschmalz
Salz · Pfeffer
2 EL Zitronensaft

Zubereitungszeit: 45 Min.
Pro Portion etwa:
490 kJ / 120 kcal
3 g EW / 8 g F / 9 g KH

Für die schlanke Linie

Okraschoten in pikanter Tomatensauce

Die Okraschoten waschen und die feinen Härchen von den Schoten abreiben, ohne das Fruchtfleisch zu verletzen. Die Schoten nochmals waschen und die Stiele knapp abschneiden, ohne dabei die Frucht zu verletzen.

Die Zwiebeln und den Knoblauch fein würfeln. Die Chilischoten waschen, längs aufschneiden und unter fließendem Wasser die Kerne und Trennhäute entfernen. Die Chilischoten fein hacken.

Die Stielansätze der Tomaten entfernen. Tomaten kurz überbrühen, häuten, halbieren und entkernen. Das Fruchtfleisch in Würfel schneiden.

In einer Pfanne das Schmalz erhitzen. Die Zwiebeln darin unter Rühren 5 Min. bei mittlerer Hitze dünsten, sie sollen nicht bräunen. Knoblauch, Chilischoten und Tomaten dazugeben, zugedeckt 5 Min. garen.

Die Okraschoten unterrühren, mit Salz, Pfeffer und Zitronensaft würzen. Das Gericht bei schwacher Hitze zugedeckt 20 Min. dünsten, bis die Okraschoten gar sind.

Paßt als Beilage zu Steaks oder zu Lammkoteletts.

Variante:
Okra-Pudding

Die Okraschoten wie beschrieben vorbereiten. In Scheiben schneiden und in 5 Tassen Brühe aufkochen. 2 knappe Tassen 5-Minuten-Polentagrieß einstreuen und 5 Min. bei schwacher Hitze garen. 1 EL Butter und Muskat unterrühren. In eine gefettete Form drücken, auf eine Platte stürzen, in Stücke schneiden und als Beilage servieren.

Zutaten für 4 Personen:
4 Fenchelknollen
2 rote Zwiebeln · 4 reife Tomaten
1 EL Olivenöl
1 Knoblauchzehe
2 TL Thymianblättchen
2 EL frisch gehackte Petersilie
Salz · Pfeffer
1 Prise Safranpulver
2 EL Zitronensaft

Zubereitungszeit: 25 Min.
Pro Portion etwa:
510 kJ / 120 kcal
6 g EW / 3 g F / 12 g KH

Vegetarisch

Fenchel auf orientalische Art

Fenchel waschen und das Grün abschneiden. Die Fenchelknollen und die halbierten Zwiebeln in Streifen schneiden. Die Tomaten waschen und von den Stielansätzen befreien.

Das Öl in einer Pfanne erhitzen. Den Fenchel darin bei schwacher Hitze andünsten, die Zwiebeln hinzufügen und alles bei mittlerer Hitze bräunen. Den Knoblauch pressen und hinzufügen.

Die Hälfte der Tomaten achteln. Die andere Hälfte würfeln und mit Thymian, etwas Fenchelgrün und Petersilie in die Pfanne geben. Alles zugedeckt 5 Min. garen. Mit Salz, Pfeffer, Safran und Zitronensaft würzen. Die Tomatenachtel darin erwärmen. Das Gemüse mit Fenchelgrün bestreut servieren.

Paßt als Beilage zu Kartoffel- und Pilzgerichten.

Erdnuß-Blumenkohl

Blumenkohl waschen, putzen und in Röschen teilen. In kochendem Salzwasser mit ein paar Innenblättern 5 Min. garen, abtropfen lassen. Erdnüsse hacken und in einer trockenen Pfanne rösten.

Zwiebeln in Ringe schneiden, Knoblauch fein würfeln. In einer Pfanne das Öl erhitzen. Zwiebeln und Knoblauch darin bei schwacher Hitze glasig dünsten. Blumenkohl und Nüsse hinzufügen, unter Rühren 5 Min. bei starker Hitze braten, mit Salz, Pfeffer und Cayennepfeffer würzen. Petersilie untermischen.

Paßt zu gebratenem Hähnchenbrustfilet oder Kartoffelgratin.

Zutaten für 4–6 Personen:
1 Blumenkohl (etwa 900 g) · Salz
100 g geschälte Erdnüsse
2 kleine Zwiebeln
1 Knoblauchzehe · 4 EL Öl
Cayenne und schwarzer Pfeffer
2 EL frisch gehackte Petersilie

Zubereitungszeit: 25 Min.
Bei 6 Personen pro Portion etwa:
790 kJ / 190 kcal
8 g EW / 14 g F / 9 g KH

Preiswert

Zutaten für 4 Personen:

- 1 Tomate
- 2 Knoblauchzehen
- 400 g Zucchini · Salz
- 3 EL Erdnußöl
- 1 EL Sojasauce
- 1 TL Zucker
- 1 TL scharfe rote Pfefferpaste, z. B. Sambal oelek

Zubereitungszeit: 30 Min.
Pro Portion etwa:
360 kJ / 85 kcal
2 g EW / 6 g F / 5 g KH

Gelingt leicht

Zucchini nach Szetchuanart

Den Stielansatz der Tomate entfernen. Tomate überbrühen, häuten, entkernen und in Streifen schneiden. Knoblauch pressen. Zucchini waschen, in 1 cm dicke und 3 – 4 cm lange Stäbchen schneiden.

Die Zucchini mit wenig Salz und 2 EL Öl im Wok bei mittlerer Hitze 6 – 8 Min. pfannenrühren, bis sie gerade gar sind. An den oberen Rand des Woks schieben. Die Tomate und den Knoblauch im restlichen Öl kurz pfannenrühren. Die Zucchini wieder unterrühren. Mit Salz, Sojasauce, Zucker und Pfefferpaste pikant abschmecken.

Die Zucchini passen zu gegrilltem Fleisch.

Glasierte Teltower Rübchen

Die Rübchen mit einem Messer oder mit dem Sparschäler schälen, waschen und in etwa 3 mm dicke Scheibchen schneiden. Sehr kleine Rübchen können Sie ganz lassen.

Die Rübchen in einen weiten Topf geben und knapp mit leicht gesalzenem Wasser bedecken. Bei mittlerer Hitze 10 – 15 Min. (je nach Größe) garen. Sie müssen noch Biß haben. 1 – 2 TL Flüssigkeit im Topf belassen, den Rest abgießen.

Die Butter in Würfel schneiden und mit dem Zucker zu den Rübchen geben. Diese bei schwacher Hitze unter öfterem Wenden 5 Min. dünsten. Die Rübchen sollen zum Schluß schön glänzen. Mit der Petersilie bestreut servieren.

Die glasierten Teltower Rübchen passen gut zu Lammfleisch.

Zutaten für 4 Personen:

- 600 g Teltower Rübchen
- Salz
- 50 g Butter
- 1 TL Zucker
- 1 EL frisch gehackte Petersilie

Zubereitungszeit: 30 Min.
Pro Portion etwa:
570 kJ / 140 kcal
2 g EW / 11 g F / 8 g KH

Schnell

Zutaten für 4 Personen:

800 g Mangold
400 g Möhren
2 Schalotten
3 EL Butter
1 Knoblauchzehe
Salz
schwarzer Pfeffer
200 g Crème fraîche
1/2 unbehandelte Zitrone

Zubereitungszeit: 40 Min.
Pro Portion etwa:
1400 kJ / 330 kcal
6 g EW / 30 g F / 8 g KH

Gelingt leicht

Mangold-Möhren-Gemüse

Den Mangold waschen. Die Blätter von den Stielen abtrennen und in 1 cm breite Streifen, die Stiele in feine Streifen schneiden. Möhren putzen, unter fließendem Wasser gründlich abbürsten und schräg in 2–3 mm dicke Scheiben schneiden. Die Schalotten sehr fein würfeln.

Die Butter in einer Pfanne erhitzen. Schalotten, Möhren und Mangoldstiele darin unter Wenden bei starker Hitze 5 Min. andünsten. Knoblauchzehe dazupressen, mit Salz und Pfeffer würzen. Mangoldblätter dazugeben und zugedeckt noch 5 Min. bei schwacher Hitze dünsten.

Crème fraîche einrühren und 3 Min. bei mittlerer Hitze leicht sämig einkochen lassen. Die Zitronenhälfte waschen und die Schale abschneiden, in Streifen schneiden. Saft auspressen. Das Gemüse mit 1–2 EL Zitronensaft und der Zitronenschale abschmecken und heiß servieren.

Das Mangold-Möhren-Gemüse paßt zu Hähnchenbrust oder Putenschnitzel und Kräuterreis.

Grüne Erbsen mit Minze

Die enthülsten Erbsen in 1 l kochendes Salzwasser geben und 10 Min. bei mittlerer Hitze kochen lassen, dann abgießen und kalt abschrecken. Am besten in kaltes Wasser mit Eiswürfeln legen.

Die Butter in einem weiten Topf bei mittlerer Hitze zerfließen lassen. Den Zucker dazugeben und unter Rühren schmelzen lassen. Die Erbsen abgießen und hinzufügen. 1 EL heißes Wasser dazugeben und die Erbsen in 5–10 Min. bei schwacher Hitze garen. (Die Garzeit hängt von der Zartheit der Erbsen ab.)

Unmittelbar vor Ende der Garzeit die Pfefferminze hinzufügen und gut untermischen. Wenn nötig, das Gemüse noch etwas nachsalzen. Die Erbsen nach Belieben mit ganzen Pfefferminzblättchen bestreut servieren.

Die Erbsen schmecken zu Fischgerichten, Lamm- oder Kalbfleisch.

Zutaten für 4 Personen:

500 g enthülste grüne Erbsen (etwa 1,5 kg mit Hülsen)
Salz
60 g Butter
1 1/2 TL Zucker
2 EL frisch gehackte Minze
Minzblätter zum Garnieren (nach Belieben)

Zubereitungszeit: 45 Min.
Pro Portion etwa:
835 kJ / 200 kcal
7 g EW / 13 g F / 14 g KH

Preiswert

Zutaten für 4 Personen:

1 kleiner Rotkohl (etwa 750 g)
1 Zwiebel
2 EL Butterschmalz
200 ml Rotwein
1/4 l Fleischbrühe
1 kleine Kartoffel
1 Lorbeerblatt
1 kleine Speckschwarte
1/2 TL frisch gehackter Dill
1/2 TL Kümmel
500 g Maronen
2 EL Rotweinessig
Salz · Pfeffer
2 EL Zucker
1 TL Zitronensaft

Zubereitungszeit: 1 1/2 Std.
Pro Portion etwa:
1895 kJ / 455 kcal
8 g EW / 13 g F / 66 g KH

Läßt sich gut vorbereiten

Rotkohl mit Maronen

Den Kohl waschen, putzen und ohne die dicken Blattrippen in Streifen schneiden. Die Zwiebel würfeln und im Schmalz bei schwacher Hitze glasig dünsten. Den Kohl hinzufügen und 15 Min. mitdünsten. Mit Rotwein ablöschen. Die Brühe dazugeben, die Kartoffel schälen und dazureiben. Lorbeerblatt, Speckschwarte, Dill und Kümmel hinzufügen. Alles 1 1/4 Std. bei schwacher Hitze zugedeckt garen.

Inzwischen die Maronen auf der gewölbten Seite einritzen. 20–30 Min. in Salzwasser kochen, abgießen und noch warm schälen, dabei auch die braune Innenhaut entfernen.

10 Min. vor Ende der Garzeit den Kohl mit Essig, Salz und Pfeffer abschmecken. Die Speckschwarte und das Lorbeerblatt entfernen. Den Zucker bei mittlerer Hitze schmelzen lassen. Die Maronen hinzufügen und wenden, bis sie karamelisiert sind. Zitronensaft und 1 Prise Salz dazugeben. Den Rotkohl mit den Maronen anrichten.

Der Kohl paßt gut zu Wild- und Geflügelgerichten.

Variante:

Rotkohl mit Birnen

Den Kohl vorbereiten und dünsten. Statt Speckschwarte, Dill und Kümmel 1 geschälte, entkernte Birne hineinraffeln. 4 weitere Birnen schälen, halbieren, entkernen, in 1 cm dicke Schnitze schneiden. In 2 EL Butter bei mittlerer Hitze halbgar schmoren. Mit 2 EL Rohrzucker bestreuen, fertig garen. Den Kohl mit Salz, Pfeffer, 1 TL gehacktem Majoran und 1 Prise Nelkenpulver abschmecken. Die Birnen darauf verteilen.

Spreewälder Gurkengemüse

Zutaten für 4 Personen:

1 kg Schmorgurken
100 g durchwachsener Räucherspeck
2 Zwiebeln
1 EL Butterschmalz
Salz
weißer Pfeffer
1 EL Mehl
300 g saure Sahne
1 Bund Dill
1 EL Essig
1 TL Zucker

Zubereitungszeit: 45 Min.
Pro Portion etwa:
1400 kJ / 330 kcal
7 g EW / 28 g F / 14 g KH

Preiswert

Die Gurken schälen und längs halbieren. Die Kerne mit einem Teelöffel herausschaben. Die Gurkenhälften quer in fingerdicke Scheiben schneiden.

Den Speck entschwarten und mit den Zwiebeln fein würfeln. Das Butterschmalz in einem Topf erhitzen, Speck und Zwiebeln bei schwacher Hitze darin andünsten, aber nicht bräunen lassen. Die Gurken dazugeben, mit Salz und Pfeffer würzen und bei mittlerer Hitze 5 Min. andünsten, bis sie glasig sind.

Das Mehl darüber stäuben und unterrühren. Die saure Sahne einrühren und erhitzen. Alles bei schwacher bis mittlerer Hitze 20 Min. offen leise köcheln lassen.

Den Dill waschen und hacken. Kurz vorm Servieren das Gurkengemüse mit Essig und Zucker abschmecken und mit dem Dill bestreut servieren.

Das Gurkengemüse ist eine leckere Beilage zu Fleisch und Fisch, Bratwürstchen oder einfach zu Pellkartoffeln.

Kartoffel-Broccoli-Püree

Zutaten für 4 Personen:

600 g mehligkochende Kartoffeln
Salz
50 g gehackte Mandeln
400 g Broccoli
30 g Butter
125 g Sahne
schwarzer Pfeffer
frisch geriebene Muskatnuß

***Zubereitungszeit:* 45 Min.**
Pro Portion etwa:
1500 kJ / 360 kcal
10 g EW / 23 g F / 27 g KH

Gelingt leicht

Kartoffeln waschen und in Salzwasser in 20–30 Min. gar kochen. Mandeln in einer trockenen Pfanne goldbraun rösten.

Broccoli waschen und in Röschen teilen, Stiele schälen und in Stücke schneiden. Beides in der Butter bei schwacher Hitze andünsten. Sahne angießen und den Broccoli zugedeckt 5 Min. dünsten. Dann pürieren.

Kartoffeln abgießen und schälen. Noch heiß durch die Kartoffelpresse drücken. Broccolimus und zwei Drittel der Mandeln unterheben. Püree mit Salz, Pfeffer und Muskat würzen und mit den übrigen Mandeln bestreut servieren.

Das Püree paßt als Beilage zu gebratenem Fischfilet.

Kartoffelpüree mit Olivenöl

Zutaten für 4 Personen:

1 kg mehligkochende Kartoffeln
Salz
3 EL Olivenöl
20 g Butter
frisch geriebene Muskatnuß

***Zubereitungszeit:* 40 Min.**
Pro Portion etwa:
1100 kJ / 260 kcal
5 g EW / 10 g F / 39 g KH

Preiswert

Die Kartoffeln waschen und in kochendem Wasser 20–30 Min. garen. Abgießen, schälen, durch die Presse drücken und salzen.

Das Olivenöl erwärmen, aber nicht kochen lassen und sofort mit dem Kartoffelpüree und der Butter mit einer Gabel mischen. Das Püree soll luftig bleiben. Mit Salz und etwas Muskat abschmecken.

Das Püree zu südländischen Fleischgerichten, z. B. Kaninchenragout, servieren.

Tip: Sie können auch gehackte Petersilie unter das Püree mischen und 50 g schwarze entsteinte, feingehackte Oliven dazugeben.

Kohlrabi-Kartoffel-Gratin

Zutaten für 4 Personen:

2 Kohlrabi (etwa 400 g)
500 g vorwiegend festkochende Kartoffeln
3 Zweige Thymian
Salz
schwarzer Pfeffer
1 Knoblauchzehe
150 g frisch geriebener Emmentaler
250 g Sahne
1 EL Butter
1 EL Kürbiskerne

Zubereitungszeit: 1 1/4 Std.
Pro Portion etwa:
2000 kJ / 480 kcal
17 g EW / 36 g F / 24 g KH

Für Gäste

Kohlrabi und Kartoffeln waschen, schälen und in dünne Scheiben hobeln. Dachziegelartig in eine Gratinform schichten. Die Thymianblättchen von den Zweigen streifen und das Gratin mit Salz, Pfeffer und Thymian würzen. Knoblauchzehe darüber pressen. Die Hälfte des Käses darüber streuen.

Die Sahne mit Salz und Pfeffer verquirlen, die Hälfte davon vom Rand her in die Form gießen. Backofen auf 200° vorheizen. Restliche Kohlrabi- und Kartoffelscheiben in die Form schichten, würzen, übrigen Käse darüber streuen. Mit der restlichen Sahne begießen. Butter in Flöckchen auf dem Gratin verteilen.

Gratin im Ofen (Mitte, Umluft 180°) 40 Min. backen. Eventuell mit Alufolie abdecken. Die Kürbiskerne in einer trockenen Pfanne rösten. Mit den Kürbiskernen bestreuen.

Das Gratin zu kurzgebratenem Rindfleisch reichen.

Rosenkohlgratin mit Pancetta

Zutaten für 4 Personen:

1 kg Rosenkohl · Salz
50 g Pancetta (ersatzweise durchwachsener Räucherspeck)
1 Zwiebel
1 EL Butterschmalz
1 TL Mehl
1/4 l Milch oder 250 g Sahne
1 Ei
50 g frisch geriebener Greyerzerkäse
Pfeffer
Butter für die Form

Zubereitungszeit: 55 Min.
Pro Portion etwa:
1400 kJ / 330 kcal
21 g EW / 21 g F / 14 g KH

Läßt sich gut vorbereiten

Den Rosenkohl waschen, putzen, in kochendem Salzwasser 15 Min. kochen, dann abgießen.

Pancetta hacken, die Zwiebel fein würfeln und beides bei schwacher Hitze im Butterschmalz glasig dünsten. Mit dem Mehl bestäuben, gut unterrühren. Dann mit der Milch oder Sahne bei mittlerer Hitze unter Rühren zu einer leicht sämigen Sauce kochen. Etwas abkühlen lassen. Das Ei und die Hälfte des Käses darunterziehen. Mit Salz und Pfeffer abschmecken.

Den Backofen auf 200° vorheizen. Eine Gratinform fetten, den Rosenkohl hineingeben, mit der Sauce begießen und mit dem restlichen Käse bestreuen.

Das Gratin im Ofen (Mitte, Umluft 180°) 20 Min. goldbraun backen. Es soll nicht zu dunkel werden, eventuell mit Alufolie abdecken.

Das Gratin schmeckt gut zu Rinder- oder Schweinebraten oder auch zu gegrilltem Fleisch.

Grüne Bohnen mit Pfifferlingen

Zutaten für 4 Personen:

- 150 g Pfifferlinge
- 500 g grüne Bohnen
- Salz
- 2 Schalotten
- 1 Knoblauchzehe
- 3 Scheiben luftgetrockneter Schinken
- 2 EL Butter
- Pfeffer
- 1/2 TL Thymianblättchen
- 1 TL Speisestärke

Zubereitungszeit: 50 Min.
Pro Portion etwa:
620 kJ / 150 kcal
5 g EW / 9 g F / 8 g KH

Gelingt leicht

Die Pfifferlinge putzen und längs halbieren. Die Bohnen putzen, waschen und in 1/2 l kochendem Salzwasser in 10 – 15 Min. bißfest garen. Abgießen und sehr kalt abschrecken.

Die Schalotten und den Knoblauch mit dem Schinken fein würfeln. Alles in 1 EL Butter bei schwacher Hitze glasig dünsten. Die Pfifferlinge und die restliche Butter hinzufügen und 10 Min. dünsten. Die Bohnen untermischen, 5 Min. mitdünsten. Mit Salz, Pfeffer und Thymian abschmecken. Von der Garflüssigkeit 1 EL abnehmen, mit der Stärke verrühren. Das Gemüse mit der Speisestärke binden und bei mittlerer Hitze sämig einkochen lassen.

Die Bohnen passen zu Kalb- und Geflügelfleisch.

Champignon-Endivien-Gemüse

Das Gemüse waschen und putzen. Endivienblätter in Streifen, Pilze und Lauch in dünne Scheiben schneiden.

Speck klein würfeln. In einer Pfanne im Öl bei starker Hitze knusprig ausbraten, herausheben. Champignons und Lauch im Speckfett 3 Min. bei schwacher Hitze andünsten. Endivienstreifen dazugeben, mit Salz, Pfeffer und Oregano würzen und 1 – 2 Min. mitdünsten. Schmand untermischen, bei mittlerer Hitze kurz einkochen lassen, das Gemüse abschmecken. Mit den Speckwürfeln bestreut servieren.

Das Gemüse zu Pellkartoffeln oder Stangenweißbrot und Schweinekotelett oder -schnitzel servieren.

Zutaten für 4 Personen:

- 400 g Endivienblätter
- 300 g Champignons
- 2 Stangen Lauch (etwa 350 g)
- 100 g durchwachsener Räucherspeck · 2 EL Öl
- Salz · schwarzer Pfeffer
- 1 TL Oregano · 100 g Schmand

Zubereitungszeit: 30 Min.
Pro Portion etwa:
1200 kJ / 290 kcal
8 g EW / 27 g F / 5 g KH

Preiswert

Mascarpone-Kräuter-Rosenkohl

Zutaten für 4–6 Personen:

1 kg Rosenkohl
2 Schalotten
40 g Butter
Salz
175 ml Gemüsebrühe
100 g Gorgonzola
150 g Mascarpone
6 EL Milch
1 Bund Petersilie
1 Bund Dill
schwarzer Pfeffer

Zubereitungszeit: 50 Min.
Bei 6 Personen pro Portion etwa:
1265 kJ / 300 kcal
13 g EW / 23 g F / 8 g KH

Für Gäste

Den Rosenkohl waschen und putzen. Die Schalotten fein würfeln. Die Butter in einem Topf zerlassen und die Schalotten darin bei schwacher Hitze glasig dünsten. Den Rosenkohl dazugeben und unter Wenden kurz andünsten, salzen. Die Brühe angießen und den Rosenkohl zugedeckt bei schwacher Hitze in 10–12 Min. bißfest dünsten.

Inzwischen den Gorgonzola mit einer Gabel gut zerdrücken. Mascarpone und Milch hinzufügen und alles mit dem Handmixer gut verquirlen. Die Sauce zum Rosenkohl gießen und 3 Min. bei mittlerer Hitze köcheln lassen.

Petersilie und Dill waschen und hacken. Die Kräuter mit dem Rosenkohl mischen, mit Salz und Pfeffer abschmecken und servieren.

Den Rosenkohl zu kurzgebratenem Fleisch wie Lammkotelett, Rinderfilet- oder Rumpsteak servieren.

Als Getränk harmoniert ein leichter, junger Rotwein aus Deutschland oder Italien.

Tip: Wenn Sie den Rosenkohl etwas leichter zubereiten möchten, lassen Sie die Milch, den fettreichen Gorgonzola und die Mascarpone weg und verfeinern das Rosenkohlgemüse zum Schluß mit etwas Crème fraîche oder Schmand. Frischen Rosenkohl gibt es nur in den Wintermonaten zu kaufen, in der übrigen Zeit können Sie auf TK-Rosenkohl zurückgreifen, den es in guter Qualität immer zu kaufen gibt. Sie brauchen ihn für dieses Gericht noch nicht einmal aufzutauen, sondern können ihn tiefgekühlt verwenden. Sie benötigen 600 g.

Zutaten für 4 Personen:

- 50 g Haselnußkerne
- 600 g mehligkochende Kartoffeln
- 300 g Möhren
- 1 EL frisch gehackte Petersilie
- Meersalz
- Pfeffer
- 6 TL Olivenöl

Zubereitungszeit: 25 Min.
Pro Portion etwa:
1100 kJ / 260 kcal
5 g EW / 14 g F / 27 g KH

Vollwertig

Kleine Gemüserösti

Den Backofen auf 70° vorheizen. Die Haselnüsse in einer Pfanne bei mittlerer bis starker Hitze trocken rösten, bis sie zu duften beginnen. Dann in ein Tuch wickeln. Die Nüsse hin- und herrollen, bis sich die braune Haut gelöst hat. Die Nüsse grob hacken.

Die Kartoffeln und Möhren waschen und schälen. Mit der Küchenmaschine grob raspeln. In einer Schüssel mit der Petersilie und den gehackten Nüssen vermischen und mit Salz und Pfeffer würzen.

In einer großen Pfanne 2 TL Öl bei mittlerer Hitze heiß werden lassen. Die Rösti in zwei Portionen backen: Jeweils 4 handtellergroße Rösti in die Pfanne geben und von einer Seite in 3 Min. goldbraun braten. Dann mit 1 TL Öl beträufeln, wenden und in 3 Min. von der zweiten Seite goldbraun braten.

Die Rösti im Ofen (Mitte, Umluft 50°) warm stellen, bis alle gebacken sind. Sie passen ausgezeichnet zu Kohlgemüse oder Ragouts.

Varianten:

Kleine Gemüserösti mit Mais

Sehr gut schmecken die Rösti auch, wenn Sie sie jeweils zur Hälfte aus Kartoffelraspeln und gegarten Maiskörnern herstellen.

Gemüserösti mit Zucchini

Sie können die Möhren durch geraspelte Zucchini und die Haselnüsse durch Pinienkerne ersetzen.

Dazu schmeckt Mineralwasser oder eine Apfelsaftschorle.

Apfelsauerkraut mit Champagner

Zutaten für 4 Personen:

- 1 Zwiebel
- 2 EL Butterschmalz
- 500 g Sauerkraut
- 200 ml Gemüse- oder Fleischbrühe
- 1 Apfel
- 10 Wacholderbeeren
- 1/2 EL Cognac
- 200 – 300 ml Champagner oder Sekt

Zubereitungszeit: 1 Std. 20 Min.
Pro Portion etwa:
660 kJ / 160 kcal
2 g EW / 8 g F / 11 g KH

Gelingt leicht

Zwiebel würfeln und im Schmalz andünsten. Sauerkraut dazugeben und kurz andünsten. Mit der Brühe ablöschen.

Den Apfel schälen, vierteln, entkernen, in feine Spalten schneiden und mit den leicht zerquetschten Wacholderbeeren zum Kraut geben. Zugedeckt bei schwacher bis mittlerer Hitze 50 Min. garen.

Das Sauerkraut in einem Sieb kurz abtropfen lassen. Dann mit dem Cognac bei schwacher Hitze in 10 Min. fertig garen. Am Tisch mit dem Champagner oder Sekt übergießen und durchmischen.

Das Sauerkraut paßt besonders gut zu gebratenem Fisch.

Sauerkraut mit Trauben

Zutaten für 4 Personen:

- 4 Schalotten
- 2 EL Butterschmalz
- 500 g Sauerkraut
- Salz · Pfeffer · 1/8 l Traubensaft
- 100 g Walnußkerne
- 250 g Weintrauben
- 100 ml trockener Weißwein (ersatzweise Gemüsebrühe)
- 1 TL Honig · 1 EL Butter

Zubereitungszeit: 1 1/4 Std.
Pro Portion etwa:
1600 kJ / 380 kcal
6 g EW / 27 g F / 24 g KH

Läßt sich gut vorbereiten

Die Schalotte fein würfeln und im Schmalz bei schwacher Hitze glasig dünsten. Das Sauerkraut kurz mitdünsten, salzen und pfeffern. Mit dem Traubensaft ablöschen. Zugedeckt bei schwacher Hitze 1 Std. garen.

Die Nüsse grob hacken. Die Weintrauben häuten, halbieren und entkernen. 5 Min. vor Ende der Garzeit Wein, Honig und Walnüsse unter das Kraut mischen.

Die Butter zerlassen und die Trauben kurz darin schwenken. Das Sauerkraut damit garnieren.

Als Beilage zu Geflügel servieren.

Rezept- und Sachregister

L

M / N

O

P

KÜCHENDOLMETSCHER

Deutschland	Österreich	Schweiz
Aubergine	Melanzane	Aubergine
Blumenkohl	Karfiol	Blumenkohl
Brötchen	Semmeln	Brödli
Chilischoten	Pfefferoni	Gewürzpaprika
Dicke Bohne	Saubohnen	Puffbohnen
Eigelb	Eidotter	Eigelb
Eiweiß	Eiklar	Eiweiß
Feldsalat	Vogerlsalat	Nüsslisalat
Grüne Bohnen	Fisolen	Grüne Bohnen
Grünkohl	Grünkohl	Federkohl
Hackfleisch	Faschiertes	Hackfleisch
Kartoffeln	Erdäpfel	Kartoffeln
Klößchen	Nockerln	Möckli/Chügeli
Kopfsalat	Häuptelsalat	Kopfsalat
Lauch, Porree	Porree	Lauch
Lauchzwiebel		Frühlingszwiebel
Möhren (längliche)	Karotten	Rüebli
Möhren (rund)	Karotten	Möhrli
Meerettich	Kren	Meerettich
Paniermehl	Semmelbrösel	Paniermehl
Paprikaschoten	Paprika	Peperoni
Pellkartoffeln	Erdäpfel in der Schale	Gschellti
Pfifferlinge	Eierschwammerl	Eierschwämme
Pilze	Schwammerln	Pilze
Quark	Topfen	Quark
Radicchio	Radicchio	Cicorino/Radicchio
Radieschen	Radieschen	Radies
Rosenkohl	Kohlsprossen	Rosenkohl
Rote Bete	Rote Rüben	Rande
Rotkohl	Blaukraut, Rotkraut	Rotkabis
Sahne, saure	Rahm	saurer Rahm
Sahne, süße	Obers	Rahm
Schmant	dicker saurer Rahm	dicker saurer Rahm
Steckrübe	Stoppelrübe	Herbstrübe
Stielmangold	Stielmangold	Krautstiel
Suppengrün	Wurzelwerk	Suppengrün
Tomate	Paradeiser	Tomate
Walnüsse	Baumnüsse, Walnüsse	Baumnüsse
Weißkohl	Weißkraut	Weißkabis
Wirsing	Kohl	Wirz
Zucchini	Zucchini	Zucchini/Zucchetti
Zuckerschote	Erbsenschote	Kefe

Impressum

Die Autoren

Elisabeth Döpp
Sie schloß ihr Studium mit dem Magister ab und war jahrelang Lektorin eines großen Verlages in München. Sie schrieb mehrere Kochbücher, ist außerdem UGB-Gesundheits-Trainerin im Bereich Ernährung und gibt Kochkurse. Sie ist spezialisiert auf vollwertige und vegetarische Küche und entwickelte die entsprechenden Rezepte für dieses Buch.

Reinhardt Hess
Nach dem Studium der Germanistik und Geographie begann er als Redakteur bei der größten deutschen Kochzeitschrift, danach arbeitete er als Redaktionsleiter in Buchverlagen. Jetzt schreibt er als freier Autor Kochbücher und steht dabei selbst in der Küche, um neue Ideen und auf Reisen gesammelte Rezepte auszuprobieren. Sein Schwerpunkt in diesem Buch: Internationale Küche und Klassiker.

Marianne Kaltenbach
Die Schweizer Erfolgsautorin kennt die Küche ihrer Heimat so gut wie die aller europäischen Länder. Seit über 20 Jahren schreibt sie Kochbücher und behandelt als gastronomische Journalistin am liebsten Themen der praxisnahen, aber unbedingt gehobenen Küche – ideal für die Bewirtung von Gästen. Außer für Buchverlage schreibt sie für bekannte Schweizer Zeitschriften. Ihr Schwerpunkt in diesem Buch sind Rezepte für Gäste und besondere Anlässe.

Martina Kittler
Nach dem Ökotrophologie- und Sportstudium machte sie ihre Leidenschaft Kochen zum Beruf. Fast acht Jahre lang arbeitete sie in der Redaktion der größten deutschen Kochzeitschrift. Seit 1991 schreibt sie freiberuflich Bücher und Artikel für Zeitschriften. Ihre Schwerpunkte: moderne und gesunde Ernährung, sowie schnelle und unkomplizierte Rezepte für jeden Tag – ihre Spezialgebiete für dieses Buch.

Die Temperaturstufen bei Gasherden variieren von Hersteller zu Hersteller. Welche Stufe Ihres Herdes der jeweils angegebenen Temperatur entspricht, entnehmen Sie bitte der Gebrauchsanweisung.

Die Fotografen

FoodPhotography Eising mit Sitz in München und Maine (USA) wird von Susi und Pete A. Eising geleitet.
Sie studierten an der Fachakademie für Fotodesign in München. 1981 gründeten sie ihr eigenes Studio für Foodfotografie, das dank der gemeinsamen Passion für Eßkultur und kulinarische Ästhetik rasch internationales Renommee erwarb. Ihre Kenntnisse über fremde Küchen und Kulturen vertiefen Susi und Pete A. Esing auf zahlreichen Reisen, von denen sie immer wieder neue Eindrücke in die künstlerische Gestaltung ihrer Produktionen einbringen.
Die Aufnahmen für das vorliegende Buch stammen von Susi Eising. Für das Foodstyling war Tanja Major verantwortlich, Bettina Gousset war für die Requisite zuständig.

Studio und Archiv für Foodfotografie Teubner
Das von Christian Teubner 1962 gegründete Unternehmen genießt international größtes Ansehen. Christian Teubner – Fotograf, Koch und Gourmet – hat auf unzähligen Reisen durch alle Kontinente das Wesen der Landesküchen kennengelernt. In seinem Studio wird dieses Wissen in hochwertige Profi-Bücher umgesetzt. Besonderes Augenmerk legt er dabei auf die naturgetreue Wiedergabe der verwendeten Produkte. Das Fotoarchiv umfaßt eine der größten Sammlungen an warenkundlichen Aufnahmen weltweit.

Redaktion: Katharina Lisson, Sabine Sälzer
Lektorat: Cornelia Schinharl
Warenkunde: Annette Heisch, Cornelia Schinharl
Beratung Warenkunde: Otmar Eicher
Versuchsküche: Barbara Hagmann, Christine Hagmann-Beimes, Traute Hatterscheid, Christa Konrad-Seiter, Renate Neis

Typografie: Kraxenberger Kommunikation
Umschlaggestaltung: Studio Greif
Produktion: Eva Hehemann
Herstellung: Kathrin Hälbich
Titel, Innentitel und Rezeptfotos: FoodPhotography Eising
Sonstige Fotos:
FoodPhotography Eising: S. 14, 32
Wolf Heider-Sawall: Rückseite, großes Foto
Bettina Lindenberg: S. 12–13
Stockfood: S. 8–9, 10–11 und Getränkevignetten
Studio und Archiv für Foodfotografie Teubner: alle anderen

Satz und Reproduktion der Abbildungen S. 14–39: Layout & Grafik 1000 GmbH, München
Reproduktionen: Fotolitho Longo, Bozen
Druck und Bindung: Mondadori, Verona
ISBN 3-7742-2255-X

Auflage	5.	4.	3.	2.	1.
Jahr	2000	99	98	97	96

Umschlag-Vorderseite: Gefüllte Tomaten (Rezept S. 51)
Umschlag-Rückseite (von oben nach unten): Mascarpone-Rosenkohl mit Kräutern (S. 137); Gemüse-Lasagne mit Morcheln (S. 99); Spargelflan mit Orangensabayon (S. 54)

Alle Rezeptaufnahmen entstanden auf Agfachrome 100 RS